赤本
PLUS+

大学入試

"絶対できる"

英語リスニング

📖別冊① 問題編

JN022584

矢印の方向に引くと
本体から取り外せます

ゆっくり丁寧に取り外しましょう

教学社

問 題 編

　本書では、まず**第１章 ディクテーション**で、リスニングの急所を扱います。それにより、**多くの日本人が聞き取れない箇所**を学んで、無理なく、第２章以降につながる力を養います。

　続いて、第２章以降は、**共通テストのリスニングで出題される形式をもとに**、複数の問題形式に慣れるとともに、オーバーラッピングやシャドーイングを通じて、英語を聞き取り、理解する力を身につけていきます。

　ディクテーションで自分の苦手を発見し、オーバーラッピングをはさみつつ、徐々に最も効果を発揮するシャドーイングへと移行していく練習法で「**英語耳**」を作っていきましょう。

　本書の問題を解き終えて、ディクテーション、オーバーラッピング、シャドーイングを繰り返せば、必ずリスニングは得意になります。１冊やり終えた後の成長した自分を想像しながら、本書を読み進めてください。

もくじ

音声専用サイトはこちら

http://akahon.net/plus/listening/

演習モード　問題を解く際に使用する音声

耳トレモード　音読する際に使用する音声

詳細は、本冊 p. 5・別冊② p. 2 参照。

第1章　ディクテーション問題の対策

音声はこちら

今から流れる対話を聞いて、空所に聞こえた表現を書きなさい。**音声は2回流れます**。

問1

M：That was a great movie!

W：Yeah, the special effects were cool.

M：I really liked the story and the acting.

W：Me, too. But the movie （　　　　　　　　　　　　　　） a bit shorter.

（センター本試験　改）

問2

［H：Helen,　G：Grandfather］

H：Grandad, what was it like when you were young?

G：Well, Helen, we didn't have TV, although I did listen to the radio.

H：Wow, it （　　　　　　　　　　） really boring without TV.

G：Well, actually I had lots of fun playing outdoors with my friends.

（新潟大学　改）

問3

M：I （　　　　　　　　　　　　　） my wallet on the table. It's brown leather. I just had lunch here.

W：I'll check with the manager. What's your name?

M：John Smith.

（センター本試験　改）

問 4

M：I didn't understand the reading homework.

W：(   ) ask our teacher for help?

（神奈川大　改）

問 5

M：Do you have a moment? I'd like to talk about our new plans.

W：All right. (   ) have a meeting later today?

M：Great, say … five then?

（センター追試験　改）

問 6

M：Was your train very crowded?

W：(   ). But it was way behind schedule.

M：Was there an accident?

W：(   ). The announcements didn't say there was.

（センター追試験　改）

問 7

W：(   ) today?

M：I'm working at the wheelchair basketball championship.

W：Awesome! Are you assisting the players?

M：Not this time. I'll be helping people park their cars.

（センター追試験　改）

問8

M：How do you like this traditional fabric I bought in India?

W：It's beautiful! I love the design. (   ) do with it?

M：I (   ) have a skirt made for my wife.

W：Oh, I have a friend who could help you.

M：Really? That sounds great.

（センター本試験　改）

問9

M：(   ) think of the drawing contest?

W：To be honest, I'm (   ) surprised Hiroshi won.

M：Right. I thought Ayako had a good chance.

（センター本試験　改）

問10

W：Do you keep anything ready for emergencies?

M：(   ). I have a flashlight, gloves, and um…, some towels in my backpack.

W：(   ) water?

（センター本試験　改）

問11

［F：Father，D：Daughter］

D：Dad, can we go camping this summer?

F：I'd love to go camping, but we don't have any equipment.

D：The sports shop is having a big sale this week.

F：OK, (   ).

（新潟大）

問12

[S1 : Student 1, S2 : Student 2]

S1 : We (   ) meet the rest of our class at the east entrance of the station, but I think we are lost.

S2 : Oh no! What should we do?

S1 : Let's ask that lady over there if she can give us directions.

（新潟大　改）

問13

W : (   ). Have you been waiting long?

M : Yes, for 30 minutes! (   )?

W : Well, I was waiting on the other side. I didn't see you so I came around here.

M : I've been calling your phone, but I couldn't get through.

W : Sorry, my battery died. Anyway, I'm here now.

（センター本試験　改）

問14

M : (   ) pick our cat's name from Swahili?

W : Yeah! How about *amani*? It means peace.

M : (   ) What's beauty by the way?

W : *Uzuri*. It's a bit difficult to pronounce though.

（センター追試験　改）

問15

M : Happy New Year, Aki! (   ).

W : Wow, Paul! When did you come back from Sweden?

M : Ha, ha! I'm the last person you expected to see, right?

（センター追試験　改）

第2章 イラスト・地図・グラフ 描写問題の対策

音声はこちら

これから流れる対話を聞き、問いの答えとして最も適切なものを、4つの選択肢（①〜④）のうちから1つずつ選びなさい。**音声は2回流れます。**

問1

How is the woman dressed?

①  ②

③  ④

（センター追試験）

問 2 対話とそれについての問いが流れます。

来週の天気について話をしています。

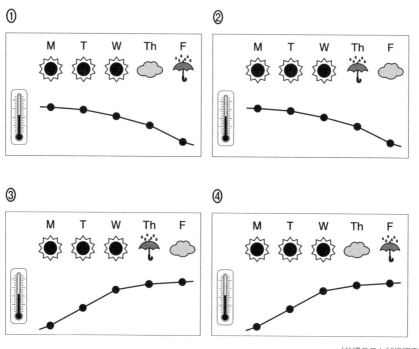

（共通テスト試行調査）

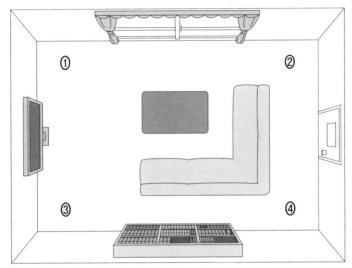

問3 対話とそれについての問いが流れます。

居間でクリスマスツリーの置き場所について話をしています。

第2章

（共通テスト試行調査）

問 4　対話とそれについての問いが流れます。

買い物客がショッピングモールの案内所で尋ねています。

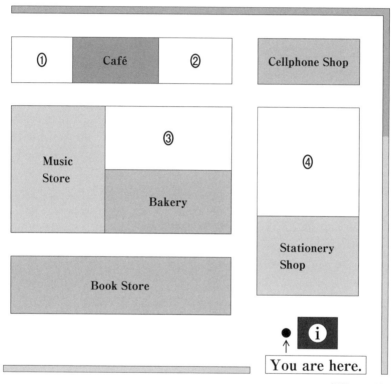

（共通テスト試行調査）

問5

Which graph describes what they are talking about?

①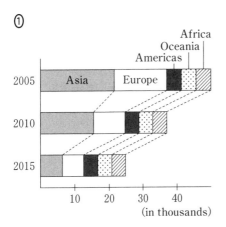

②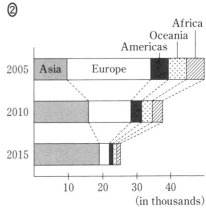

③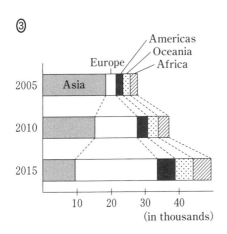

④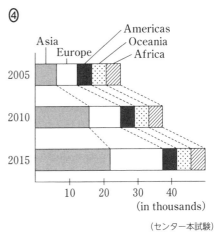

（センター本試験）

問6

Which graph describes what they are talking about?

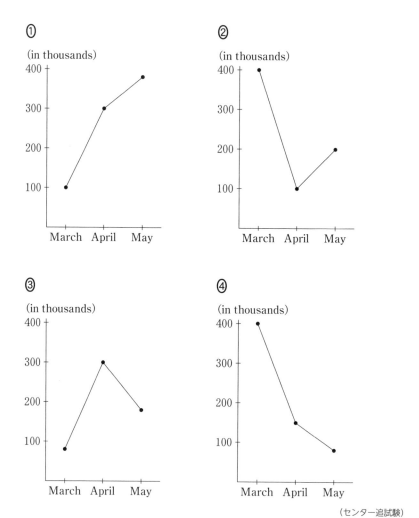

① (in thousands)

② (in thousands)

③ (in thousands)

④ (in thousands)

（センター追試験）

問7

Which book cover will they use?

①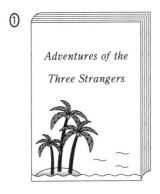

②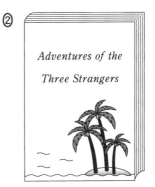

③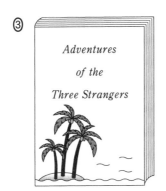

④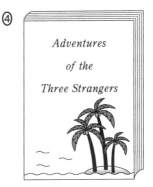

（センター追試験）

問8

Which picture are they looking at?

①

②

③

④

（センター本試験）

問9

Which design will they most likely use?

① Minami

② Minami

③ MINAMI

④ MINAMI

（センター追試験）

問 10

Which picture matches the conversation?

①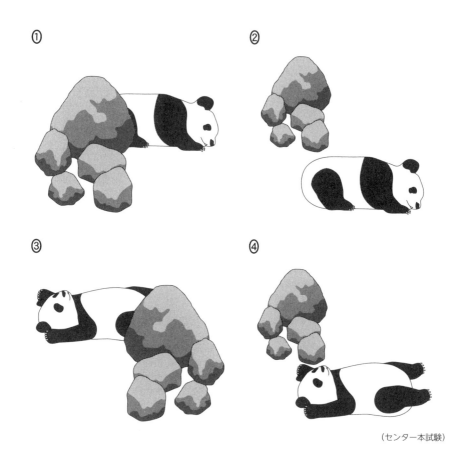

②

③

④

（センター本試験）

第3章 短い対話問題の対策 問題文あり

音声はこちら

　これから流れる対話を聞き、問いの答えとして最も適切なものを、4つの選択肢（①〜④）のうちから1つずつ選びなさい。**音声は1回流れます。**

問1

What does the man say he is going to do?

① Study Portuguese

② Teach Portuguese

③ Visit Brazil

④ Visit Portugal

（センター追試験）

問2

テレビで野球の試合（The Crabs 対 The Porters）を見ているお母さんに、息子が話しかけています。

What is happening in the game?

① The Crabs are behind.

② The Crabs are leading.

③ The game is being delayed.

④ The game is just beginning.

（共通テスト試行調査）

問3

Why did the man give her a present?

① It was Christmas Day.

② It was her birthday.

③ It was her graduation.

④ It was their wedding anniversary.

（センター追試験）

問 4

Based on the conversation, what do you think the woman will do?

① Go to the store to buy a new product.

② Join a gym to get in better shape.

③ Talk to a counselor about emotional issues.

④ Visit a doctor to get medicine for a problem.

(藤女子大学)

問 5

What does the man want to say?

① It will probably snow all night.

② The university has already decided to cancel classes.

③ The university never cancels classes due to snow.

④ There's not enough snow to cause a cancellation yet.

(藤女子大学)

問 6

What's the problem?

① The students are confused about an assignment deadline.

② The students do not know a good website to get information for research.

③ The students do not know about the requirements of an assignment.

④ The students do not know how to contact the instructor.

(藤女子大学)

問7

How many oranges will they most likely buy?

① 2

② 4

③ 8

④ 16

(センター追試験)

問8

How much of their own money will each person pay?

① 10 dollars

② 15 dollars

③ 30 dollars

④ 35 dollars

(センター本試験)

問9

What will the woman do?

① Ask Jim to come on time

② Find a place for Jim

③ Open the party room

④ Speak to start the party

(センター本試験)

問10

Why was the man surprised?

① He had to bring his own bag.

② He had to go to the supermarket.

③ He had to pay money for a bag.

④ He had to think about the environment.

(センター本試験)

第4章 短い対話問題の対策 問題文なし

これから流れる対話（または発言）とその内容に関する質問を聞き、答えとして最も適切なものを、4つの選択肢（⓪～④）のうちから1つずつ選びなさい。**音声は2回流れます**。

問1

⓪ Cooking
② Exercising
③ Parking a car
④ Putting on sunscreen

（藤女子大学　改）

問2

⓪ Five minutes ago.
② At 3 o'clock.
③ At 2 o'clock.
④ At 5 o'clock.

（札幌学院大学）

問3

⓪ Getting married to Suzy.
② Helping his friend Tom.
③ Looking for a job.
④ Working in a bank.

（共立女子大学）

問4

⓪ The woman didn't understand the danger of dioxin.
② The man did not explain why dioxin is dangerous.
③ The woman does not care about environmental pollution.
④ The man feels dioxin is good for the woman's health.

（札幌学院大学）

問5

⓪ Nineteen.　② Seventeen.　③ Thirteen.　④ Thirty.

（共立女子大学）

問 6

① He practices once a day.

② He takes classes when he can.

③ He did not play that much.

④ He has not played much recently.

（神奈川大学）

問 7

① Go travelling in Hokkaido.

② Help her parents move to the city.

③ Help her parents start a restaurant.

④ Work on her parent's farm.

（共立女子大学）

問 8

① She should apologize to her friend.

② She should contact the teacher.

③ She should mail in her classwork.

④ She should use plain paper for class.

（神奈川大学）

問 9

① He feels he doesn't want to go.

② He doesn't feel confident about doing well.

③ He feels well prepared for the interview.

④ He thinks the woman is better suited for the job.

（共立女子大学）

問 10

① He's been doing great since graduation.

② He's been having a difficult time finding work.

③ He's been unemployed since graduation.

④ He graduated again last week.

（共立女子大学）

音声はこちら

1　音声は1回流れます。

　1は問1・問2の2問です。二人の対話を聞き、それぞれの問いの答えとして最も適切なものを、4つの選択肢（⓪～④）のうちから1つずつ選びなさい。（問いの英文は書かれています。）**状況と問いを読む時間が与えられた後、音声が流れます。**

状況

　Jane が Sho とフランス留学について話をしています。

問1　What is Jane's main point?

① A native French-speaking host family offers the best experience.

② Having a non-native dormitory roommate is more educational.

③ Living with a native speaker shouldn't be a priority.

④ The dormitory offers the best language experience.

問2　What choice does Sho need to make?

① Whether to choose a language program or a culture program

② Whether to choose the study abroad program or not

③ Whether to stay with a host family or at the dormitory

④ Whether to stay with a native French-speaking family or not

（共通テスト本試験）

2 音声は1回流れます。

　2は問1・問2の2問です。二人の対話を聞き、それぞれの問いの答えとして最も適切なものを、4つの選択肢（⓪〜④）のうちから1つずつ選びなさい。（問いの英文は書かれています。）**状況と問いを読む時間が与えられた後、音声が流れます。**

状況

　Carol が Bob と手紙を書くことについて話をしています。

問1　**What is Carol's main point?**

⓪ Emails are cold and not very personal.

② Handwriting is hard to read.

③ Letter writing with a pen is troublesome.

④ Letters show your personality.

問2　**Which of the following statements would Bob agree with?**

⓪ Letter writing is too time-consuming.

② Typing letters improves your personality.

③ Typing letters is as good as handwriting them.

④ Writing a letter by hand is a heartfelt act.

（共通テスト本試験）

3 <u>音声は1回流れます。</u>

今から読まれる長い対話について、問1～問3の3つの設問があります。それぞれの設問の答えとして最も適当なものを、4つの選択肢（⓪～④）のうちから1つずつ選びなさい。

問1 **Where is this conversation taking place?**

① At a car rental office.　　② At a hospital.

③ At a hotel.　　④ At a restaurant.

問2 **What is the good news that the man tells the woman?**

① A room is available.

② Her car has been fixed.

③ It's a long weekend.

④ The hotel isn't very busy.

問3 **What is the bad news that the man tells the woman?**

① He can't find the woman's reservation.

② The cost is higher than usual.

③ There are no cars available.

④ There are no rooms available.

（藤女子大学）

4 音声は１回流れます。

今から読まれる長い対話について、問１～問３の３つの設問があります。それぞれの設問の答えとして最も適当なものを、４つの選択肢（⓪～④）のうちから１つずつ選びなさい。

問1 Who are the speakers?

① College students.

② Company coworkers.

③ House owners.

④ Real estate agents.

問2 How many bedrooms are there?

① One. ② Two.

③ Three. ④ Four.

問3 What is true about the speakers?

① They do not like the landlady's daughter.

② They have been looking for a good house for some time.

③ They think the monthly rent is surprisingly low.

④ They want to buy a house to live in together.

(藤女子大学)

5 In this section, you will hear a long conversation between a man and a woman. While you listen to the conversation, you may take notes in your test booklet. After the conversation, you will hear three questions. The conversation and questions will be spoken only one time. They are not written in your test booklet. After listening to each question, choose the best answer.

問 1

① Less than half an hour.

② Thirty minutes.

③ Two hours.

④ Two and a half hours.

問 2

① When it is rainy.

② When the weather is fine.

③ When her bicycle needs repair.

④ When the view is good.

問 3

① It would cost too much money.

② It would take a lot of time.

③ He has never thought about it.

④ He likes riding his bike to work.

（神奈川大学）

6 音声は1回流れます。

　長めの会話を1つ聞き、問1〜問3の答えとして最も適切なものを、4つの選択肢（①〜④）のうちから1つずつ選びなさい。

会話の場面
　Davidが、最近通い始めたギター教室についてAmyとMarkに相談しています。

第5章

問1　What is David's main problem with his guitar lessons?

① They are expensive.

② They are not convenient.

③ They are not very strict.

④ They are uninteresting.

問2　Why does Amy think David should work with a teacher?

① To be able to join a band

② To become a skillful player

③ To become a teacher

④ To learn many songs

問3　What will David most likely do next?

① Continue his lessons and form a band

② Continue his lessons but not form a band

③ Quit his lessons and form a band

④ Quit his lessons but not form a band

（センター本試験）

7 音声は1回流れます。

今から読まれる長い対話について、問1～問3の3つの設問があります。それぞれの設問の答えとして最も適当なものを、4つの選択肢（①～④）のうちから1つずつ選びなさい。

問1　What is the problem with the kitchen sink?

① The sink was too expensive.

② The water isn't going down properly.

③ There are too many dishes in the sink.

④ Water is leaking from the sink.

問2　Why does the man want to fix the sink himself?

① He enjoys fixing things.

② He has fixed many sinks.

③ He thinks that the repair service will cost too much.

④ His father taught him how to fix the problem.

問3　Why doesn't the woman want the man to fix the sink?

① She can't find his tools.

② She is worried he might make the problem worse.

③ She wants the man's father to fix the sink.

④ She wants to fix the sink herself.

（藤女子大学）

8 　　放送される英語の会話を聞いて、問 1 〜問 3 について ① 〜 ④ のうちから最も
適切な答えを 1 つ選びなさい。音声は 1 度しか聞くことができません。問題を
聞き終えたら、ただちに解答を記入しなさい。1 問の解答時間は約 10 秒です。
問題冊子にメモを取るとよいでしょう。

問 1　What was the man's original destination?

① London.　　　　　　　　　② Seoul.

③ Osaka.　　　　　　　　　　④ Nagoya.

問 2　On what day will the man's luggage arrive at the airport?

① Friday.　　　　　　　　　　② Saturday.

③ Sunday.　　　　　　　　　　④ Monday.

問 3　What piece of luggage belongs to the man's daughter?

① A green suitcase.　　　　　② A grey rucksack.

③ A pink suitcase.　　　　　　④ A red suitcase.

（南山大学）

第5章

9   In this part you will hear a conversation. After the conversation, you will hear three questions. The conversation and the questions will be played only one time and will not be repeated. You may take notes. After each question, read the four possible answers and choose the best answer.

問1

① Becky's teachers.

② Becky's father and teacher.

③ Becky and her father.

④ Becky's parents.

問2

① Being alone if Becky goes to France.

② Becky's French ability.

③ The cost of going to college in France.

④ If Becky is old enough to study abroad.

問3

① They attend the same high school.

② They went to college in Paris.

③ They are good at French.

④ They like France better than America.

(北星学園大学)

10 音声は1回流れます。

今から読まれる長い対話について、問1〜問3の3つの設問があります。それぞれの設問の答えとして最も適当なものを、4つの選択肢（⓪〜④）のうちから1つずつ選びなさい。

問1　What seems to be true about Tim's haircut?

① After the haircut, Tim's hair still touches the floor.

② The haircut is unusually short.

③ This is Tim's first haircut.

④ Tim doesn't know who gave him the haircut.

問2　How does Tim seem to feel about his haircut?

① He dislikes it.

② He enjoys having the latest style.

③ He thinks it will be cool in the summer.

④ It is just what he wanted.

問3　What do people keep saying to Tim?

① "It won't grow fast enough."

② "It'll grow back."

③ "Please put it back on."

④ "You should become a hairstylist."

（藤女子大学）

第6章　総合問題の対策

音声はこちら

1 音声は1回流れます。

長めの英文を1つ聞き、問1〜問3の答えとして最も適切なものを、4つの選択肢
（①〜④）のうちから1つずつ選びなさい。

問1　Why did the speaker begin using social media?

① To make many new friends

② To stay in contact with people

③ To take university classes online

④ To watch live videos in her dorm

問2　What event made the biggest impression on the speaker?

① A baby walking for the first time

② A family member's travels

③ Her going away to university

④ The birth of her friend's baby

問3　What is the main problem discussed in this story?

① People can reach you at any time of day.

② People feel their lives are inferior to others'.

③ People have stopped having many babies.

④ People have stopped meeting face-to-face.

（センター追試験）

2 音声は1回流れます。

長めの英文を1つ聞き、問1〜問3の答えとして最も適切なものを、4つの選択肢
(①〜④) のうちから1つずつ選びなさい。

問1　What did the speaker notice about buses in Nepal?

① They came very often.

② They followed a timetable.

③ They left when they became full.

④ They served tea to passengers.

問2　Why did the speaker's classes often start late in Nepal?

① She was having tea with the principal.

② She was preparing for class.

③ The students were chatting.

④ The students were having tea.

問3　What did the speaker learn from her teaching experiences?

① Tea is as popular as coffee in Japan.

② Tea making is very different in Japan and Nepal.

③ Tea time helps develop relationships in Nepal.

④ Time is viewed similarly in Japan and Nepal.

(センター本試験)

3 音声は1回流れます。

3 は問1～問7の7問です。

最初に講義を聞き、問1～問6に答えなさい。次に続きを聞き、問7に答えなさい。

状況・ワークシート、問い及び図表を読む時間が与えられた後、音声が流れます。

状況

　あなたはアメリカの大学で、幸福観についての講義を、ワークシートにメモを取りながら聞いています。

ワークシート

○　**World Happiness Report**

・Purpose : To promote _____[1]_____ happiness and well-being

・Scandinavian countries : Consistently happiest in the world (since 2012)

　Why? ⇒ **"Hygge"** lifestyle in Denmark

　　　　　　⬇ spread around the world in 2016

○　**Interpretations of Hygge**

	Popular Image of Hygge	Real Hygge in Denmark
What	[2]	[3]
Where	[4]	[5]
How	special	ordinary

問1　ワークシートの空欄 1 に入れるのに最も適切なものを、4つの選択肢（①
～④）のうちから1つ選びなさい。

① a sustainable development goal beyond

② a sustainable economy supporting

③ a sustainable natural environment for

④ a sustainable society challenging

問2～5　ワークシートの空欄 2 ～ 5 に入れるのに最も適切なものを、6つ
の選択肢（①～⑥）のうちから1つずつ選びなさい。選択肢は2回以上使ってもかま
いません。

① goods　　　　　② relationships　　　③ tasks
④ everywhere　　　⑤ indoors　　　　　⑥ outdoors

問6　講義の内容と一致するものはどれか。最も適切なものを、4つの選択肢（①～
④）のうちから1つ選びなさい。

① Danish people are against high taxes to maintain a standard of living.

② Danish people spend less money on basic needs than on socializing.

③ Danish people's income is large enough to encourage a life of luxury.

④ Danish people's welfare system allows them to live meaningful lives.

問7 講義の続きを聞き、**下の図から読み取れる情報と講義全体の内容から**どのような

ことが言えるか、最も適切なものを、4つの選択肢（⓪～④）のうちから1つ選びな

さい。

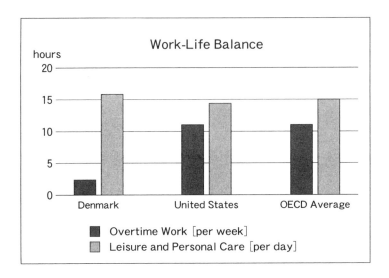

⓪ People in Denmark do less overtime work while maintaining their productivity.

② People in Denmark enjoy working more, even though their income is guaranteed.

③ People in OECD countries are more productive because they work more overtime.

④ People in the US have an expensive lifestyle but the most time for leisure.

（共通テスト本試験）

第6章

4は次ページ（p. 38）をご覧ください。

4 **音声は1回流れます。**

4 は問1〜問7の7問です。

最初に講義を聞き、問1〜問6に答えなさい。次に続きを聞き、問7に答えなさい。

状況・ワークシート、問い及び図表を読む時間が与えられた後、音声が流れます。

状況

　あなたはアメリカの大学で、生態系（ecosystem）保全についての講義を、ワークシートにメモを取りながら聞いています。

ワークシート

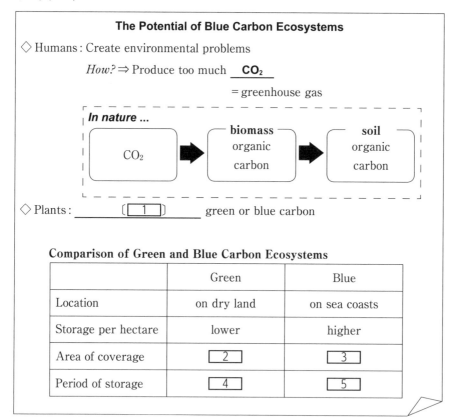

The Potential of Blue Carbon Ecosystems

◇ Humans : Create environmental problems

　　How? ⇒ Produce too much　**CO_2**

　　　　　　　　　　= greenhouse gas

In nature ...

CO_2 ➡ **biomass** organic carbon ➡ **soil** organic carbon

◇ Plants : _____〔 1 〕_____　green or blue carbon

Comparison of Green and Blue Carbon Ecosystems

	Green	Blue
Location	on dry land	on sea coasts
Storage per hectare	lower	higher
Area of coverage	2	3
Period of storage	4	5

問1　ワークシートの空欄 1 に入れるのに最も適切なものを、4つの選択肢（①
〜④）のうちから1つ選びなさい。

① Break down organic carbon called

② Change carbon to CO_2 called

③ Produce oxygen and release it as

④ Take in CO_2 and store it as

問2〜5　ワークシートの空欄 2 〜 5 に入れるのに最も適切なものを、6つ
の選択肢（①〜⑥）のうちから1つずつ選びなさい。選択肢は2回以上使ってもかま
いません。

① larger　　　　② smaller　　　　③ equal

④ longer　　　　⑤ shorter　　　　⑥ unknown

問6　講義の内容と一致するものはどれか。最も適切なものを、4つの選択肢（①〜
④）のうちから1つ選びなさい。

① Necessary blue carbon ecosystems have been destroyed and cannot be
replaced.

② Ocean coastline ecosystems should be protected to prevent further release
of CO_2.

③ Recovering the ecosystem of the entire ocean will solve climate problems.

④ Supporting fish life is important for improving the blue carbon cycle.

問7 講義の続きを聞き、**下の図から読み取れる情報と講義全体の内容から**どのような ことが言えるか、最も適切なものを、4つの選択肢（①〜④）のうちから1つ選びな さい。

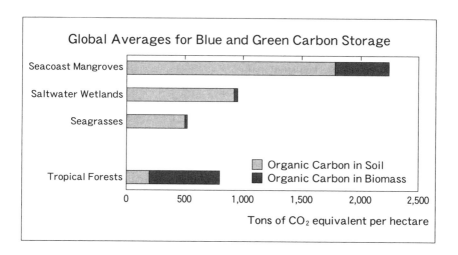

① Saltwater wetlands release CO_2 more easily from soil than from biomass.

② Seacoast mangroves release less CO_2 from layers of mud than from biomass.

③ Seagrasses offer more efficient long-term carbon storage in soil than in biomass.

④ Tropical forests are ideal for carbon storage due to their biomass.

（共通テスト本試験）

5 　放送される英語を聞いて、問1・問2について①～④のうちから最も適切な答えを1つ選びなさい。音声は1度しか聞くことができません。問題を聞き終えたら、ただちに解答を記入しなさい。1問の解答時間は約10秒です。問題冊子にメモを取るとよいでしょう。

問1　What time was the flight originally scheduled to depart from Tokyo to Vancouver?

① 6:30 p.m.　　　　　　　② 7:00 p.m.

③ 7:15 p.m.　　　　　　　④ 7:30 p.m.

問2　When will the in-flight entertainment service begin?

① After the announcement.

② After the beverage service.

③ After the dinner service.

④ After the duty-free service.

（南山大学）

6 　英文とそれに対する4つの質問が続けて放送されます。放送の間、問題冊子の余白の部分にメモを取ってもかまいません。同じ英文と質問がもう一度放送されます。このときは質問と質問の間にポーズがありますので、この間に印刷された選択肢のうちから最も適当な答えを1つ選んでください。

問1

① Effort.　　　　　　　　　② Family history.

③ Religion.　　　　　　　　④ Where people come from.

問2

① A reward for family history.

② A reward for hard work.

③ Proof of blue-collar jobs.

④ Proof of good luck.

問3

① Having become successful by their own efforts.

② Having come from rich countries.

③ Having had good luck.

④ Having had money given to them from their parents.

問4

① By the person's accent.

② By the person's religion.

③ It depends on where the person is from.

④ It can be hard to tell.

（関西外国語大学）

7 　英語の文章が読み上げられた後に、それに関する英語の質問が読まれます。次にその質問に対する答えとして４つの英文Ａ、Ｂ、Ｃ、Ｄが読まれます。その中から正しいものを１つ選びなさい。問題は、２回繰り返されます。放送中メモを取ってもかまいません。

問1

問2

問3

問4

問5

（神戸市外国語大学）

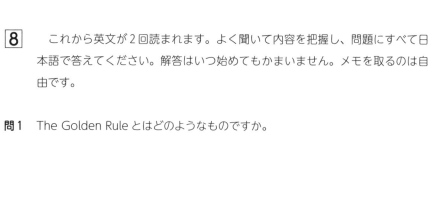

8 　これから英文が2回読まれます。よく聞いて内容を把握し、問題にすべて日本語で答えてください。解答はいつ始めてもかまいません。メモを取るのは自由です。

問1　The Golden Rule とはどのようなものですか。

問2　ハムスターの死の知らせを聞いた父親は、どういう対応をしましたか。

問3　父親の対応のどこが問題だったのでしょうか。

問4　The Platinum Rule とはどのようなものですか。

問5　「私」は The Platinum Rule を、いつ、どのようにして学びましたか。

（大阪大学）

第
6
章

9 は次ページ（p. 46）をご覧ください。

9 これから落とし物の財布を使った実験について聞きます。放送を聞いて、以下の問1〜問6の文を完成させるのに最もよくあてはまる選択肢をそれぞれa〜cの中から1つずつ選んで、その記号を答えなさい。放送は1回流れます。

問1 Researchers in Finland carried out a small experiment to understand

a. in which countries wallets are most often returned.

b. what factors cause people to drop their wallets.

c. what people do when they find a lost wallet.

問2 According to surveys conducted before the experiment, most people believe

a. people are less likely to return wallets containing larger amounts of money.

b. people are more likely to return wallets containing larger amounts of money.

c. the amount of money in the wallet has no influence on whether people will return it or not.

問3 Researchers conducted an expanded form of the experiment in 40 countries by dropping wallets that

a. varied in appearance and contained various amounts of money.

b. were similar looking and contained about $13.

c. were similar looking and contained various amounts of money.

問4 The experiment showed that when more money was in the lost wallet, the likelihood of that wallet being returned

a. decreased.

b. increased.

c. remained unaffected.

問5 One explanation NOT mentioned for the findings in the experiment is that people

a . don't want to cause harm to others.

b . don't want to think of themselves as a criminal.

c . hope to receive some kind of reward.

問6 Dan Ariely of Duke University believes that people engage in dishonest behavior when they

a . can justify being dishonest.

b . have no fear of being caught.

c . think they can receive an advantage or benefit.

（東京外国語大学）

第6章

10 これから放送する講義を聞き、問1〜問5の問いに対して、それぞれ最も適切な答えを1つ選び、その記号を記せ。問題は2回放送される。

注意　放送を聞きながらメモを取ってもよい。

問1 Which scientific advance made the recent progress in speed breeding possible?

a) Better space flight technology.

b) Developments in LED technology.

c) Improvements in climate control technology.

d) More efficient methods of harvesting.

e) The invention of the carbon arc lamp.

問2 When did scientists in China achieve their breakthrough in making one of the world's vital food crops resistant to a disease?

a) 2002　　　b) 2004　　　c) 2008　　　d) 2012　　　e) 2014

問3 Which of the crops listed below is NOT used to illustrate how gene editing has protected plants from disease?

a) Bananas　　b) Barley　　c) Rice　　d) Soybeans　　e) Wheat

問4 Which of the following is NOT mentioned as a location where research projects are currently carried out?

a) Australia　　b) China　　c) Europe　　d) India　　e) South Korea

問5 According to Hickey, meeting the future challenges of food security will require

a) continuing advances in speed breeding.

b) efforts to control population growth.

c) new breakthroughs in gene editing.

d) the application of all available technologies.

e) the development of new tools.

Kyogakusha

大学入試

“絶対できる”
英語リスニング

肘井学 編著

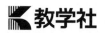

はじめに

　大学受験での英語のあり方が大きく変わろうとしています。その変化の中で確実なのが、従来よりも**リスニング力が重視される**ことです。2021 年から実施されている大学入学共通テストでは、従来は英語試験全体の 20% 程度の配点だったリスニングが、**全体の半分である 50% を占める**ようになりました。

　英語の世界において、**「聞く力」**は、コミュニケーションの最初に来るものです。相手の言っていることがわからないと、そもそも何を言っていいかもわかりません。大学では、英語ネイティブの教授が英語で授業することも珍しくありません。グローバル化が進む現代社会においては、海外の優秀な人材と英語でコミュニケーションを取ることが日常的に求められるようになっています。

　本書は 1 冊だけで、リスニングの基礎から共通テスト、東大レベルまでカバーしています。特に、**共通テストの出題形式を基準にして章立てを構成**したので、本書をやりこむことで**共通テストには絶対の自信をもって臨める**ようになります。最初は、リスニングトレーニングの代表格でもある**ディクテーション問題の演習からスタート**して、トレーニングのもう 1 つの代表格となる**シャドーイング**を少しずつ取り入れていきます。

　また、本書では、**ディクテーション問題、イラスト・地図・グラフ描写問題、短い対話問題、長い会話問題、総合問題**と、大学入試で出題されるあらゆる形式を扱います。

　今後、制度や入試問題がどう変わろうが、決して揺らぐことのないリスニング力を、本書を通して身につけていきましょう。

肘井　学

もくじ

音声配信のご案内

本書で使用する音声は、すべて下記の音声専用サイトにて配信しております。

配信内容 **第1～6章の問題の音声／リスニング POINT（ 音声 表現 ）の音声**

　共通テスト・センター試験の過去問（改題なし）の音声は、大学入試センターより公表されたものを使用しております。その他、各大学の過去問の音声や過去問を改題したものについては、公表された放送原稿や CD などをもとに、小社が独自に録音・編集しております。放送回数や解答時間また日本語ナレーションは、本書での実力養成に最適なものにしているため、実際の試験とは異なる場合がございます。

音声専用サイトはこちら
http://akahon.net/plus/listening/

ストリーミング再生
＆
ダウンロード対応（PC 推奨）

✔ パソコンはもちろん、**スマホ**や**タブレット**で簡単に聞ける
✔ 音声の**再生スピード**を**4段階**で調整できる
✔ **耳トレモード**で、**音読**や**ひたすら聞き続ける**トレーニングができる

第1章を
押すと

問題ごとに
再生できる

対応ブラウザ
▶ PC
Microsoft Edge* ／ Google Chrome* ／ Mozilla Firefox* ／ Apple Safari*　※最新版
▶ スマートフォン・タブレット
Android 4.4 以上／ iOS 9 以上

使用上の注意点
・ダウンロード用の音声データは MP3 形式です。ダウンロードした音声の再生には MP3 を再生できる機器をご使用ください。また、ご使用の機器や音声再生ソフト、インターネット環境などに関するご質問につきましては、当社では対応いたしかねます。各製品のメーカーまでお尋ねください。
・専用サイトのご利用やダウンロードにかかるパケット通信料は、お客様のご負担となります。
・**音声の配信は、予告なく終了する場合がございます。**一度ダウンロードされた音声は、配信停止後もご利用いただけます。

● 本書の特徴

● その1 | 第1章にディクテーション問題

　　本書は、**聞く力と解く力を同時に高めていくこと**を最大の狙いとしました。問題演習を多く積み重ねることで、解く力を養っていきます。それと同時に、どんな英文がリスニングで出題されても聞き取れる力を身につけることも目指していきます。「聞く力」を高める特効薬の1つが**ディクテーショントレーニング**です。ディクテーションとは、英語の音声が流れた後に、**何と言っているのかを英語で書き取る練習**です。書き取ることができない箇所は、自分の聞き取れていない箇所であり、そこが自分の弱点とわかります。第1章に**ディクテーション問題**を設けることで、**リスニングの基礎**を固めて、**スムーズにその後の問題に進める**ように設計しています。

● その2 | シャドーイングができる耳トレドリル

　　ディクテーションで自分の弱点を発見した後は、**その箇所を意識してシャドーイング**をします。シャドーイングも、ディクテーションと並んでリスニング力を高めるための大変有効な練習方法となります。英語の音声を聞きながらその後を、影が付いていくように追いかけながら発声していきます。必ず**最低5回はすべての英文でシャドーイング**しましょう。理想は、最初の5回はスクリプトを見ながら音声と同時に発声して（この方法は**オーバーラッピング**とも言われます）、次の5回は何も見ずに、シャドーイングすることです。

　　シャドーイングをするために、別冊で**耳トレドリル**を用意しました。これは、各問題の「読み上げられた英文」を1冊にまとめたものです。おすすめは、1題解説を読むごとに、10回シャドーイングをすることですが、問題をガンガン解きたい方は、章ごとにまとめてシャドーイングをするなどして、自分のペースにあった復習方法を実践してください。

● その3 | 55 のリスニング POINT

　55 の**リスニング POINT** を、問題を解きながら、紹介していきます。POINT の詳細は、p. 8 に掲載しています。**リスニングに頻出の表現**は 表現 のアイコンで、日本人が聞き取れなくなる**音声の変化**などは 音声 のアイコンで、**メモ取りや先読みの技術**などは 解法 のアイコンで記します。

● その4 | 1 冊だけであらゆる問題形式に対応

　大学入試で課されるリスニングの問題形式は、**ディクテーション問題、イラスト・地図・グラフ描写問題、短い対話問題、長い会話問題、総合問題**に大別されます。本書では、すべての問題を扱うことで、色々な問題に対応できる適応力を身につけていきます。

● その5 | 1 冊だけで基礎～共通テスト～東大レベルまで対応

　本書では、第1章のディクテーションを除いて、**共通テストのリスニング問題の形式をカバー**しています。本書をやりこむことで、**共通テストには絶対の自信を持って臨める**ようになります。そして、プラスαの問題を扱うことで、東大、大阪大、東京外国語大、神戸市外国語大などの難関大学に対応できる力を養うことを狙いとしています。**リスニングの力**は、あくまで**英語そのものを聞き取る力**を指します。その英語の長さや問題形式で各大学によって難易度の差をつけているにすぎません。よって、本書でトレーニングを積めば、基礎レベル～共通テスト～東大レベルのリスニングにまで対応できるようになります。

🎧 リスニングPOINT一覧

No.	POINTの内容	POINTの種類	ページ数
1	助動詞＋have p.p. の短縮形	音声	p. 14
2	提案表現	表現	p. 17
3	フラップ t の法則	音声	p. 20
4	what＋助動詞＋you の発音	音声	p. 22
5	サイレント t　その 1	音声	p. 23
6	kind of【カインダ／カインナ】の発音と用法	音声	p. 25
7	let me ／ give me の発音	音声	p. 26
8	What about ／ How about の発音	音声	p. 27
9	動詞＋it＋副詞のイディオムの発音	音声	p. 29
10	*do* の前の音が変化する熟語	音声	p. 31
11	there を使った会話表現	表現	p. 33
12	疑問詞＋have you been	表現	p. 33
13	承諾の表現　その 1	表現	p. 35
14	「久しぶり」の表現	表現	p. 36
15	設問・選択肢の先読み	解法	p. 40
16	衣服に関する表現	表現	p. 43
17	寒暖・湿度に関する表現	表現	p. 44
18	曜日をメモする技術	解法	p. 46
19	天候に関する表現	表現	p. 46
20	位置関係の描写で使用する表現	表現	p. 49
21	地図の描写で使用する表現	表現	p. 52
22	グラフの描写で使用する表現	表現	p. 55
23	増減のメモ取りの技術	解法	p. 57
24	対比を作り出す表現	表現	p. 59
25	What a 〜! の表現	表現	p. 61
26	give の第 4 文型を使った会話表現	表現	p. 69
27	ゲームの勝敗に関する表現	表現	p. 72
28	「どうぞ」の表現	表現	p. 75
29	省略表現	表現	p. 81
30	due の核は「当然やって来る」	表現	p. 83

POINT の音声はこちら

本書の使い方

　本書は、大学入試のみならず、英検、TOEIC などのあらゆる英語のリスニング試験に効果が出るように作成しました。具体的に、本書の使用例を紹介します。各問題（または各章）をこのサイクルで練習していけば、だれでも、無理なく、必ずリスニングが得意になります。

その1　問題を解く

　まずは、問題を解いてみてください。最初は比較的簡単なディクテーション問題、イラスト・地図・グラフ描写問題から入り、少しずつ難易度を上げていきます。手も足も出ないという方は、「その3」の耳トレドリルを活用するトレーニングから進めていただき、章が終わるごとに、最初に戻って問題を解いていただいても構いません。

その2　解説を読んで理解する

　問題の正解・不正解を確認したのちに、解説を読んで理解を深めていきましょう。POINT を中心に読み進めていくことをおすすめします。

その3　耳トレドリルを活用する

　本書では、「耳トレドリル」というオーバーラッピングやシャドーイングの練習に最適な別冊を設けました。1題解くごとにシャドーイングを 10 回やることで、しっかりした英語耳を作っていきましょう。

ディクテーション
問題の対策

▶ ディクテーションはリスニング力向上の最高のトレーニング

リスニングの代表的なトレーニングに、**ディクテーション**と**シャドーイング**があります。そして、複数の大学の入試では、ディクテーションの問題が実際に出題されます。本書では、この第1章を通じて、入試問題を解くとともに、ディクテーションでリスニングの基礎となる力を養っていきます。

▶ ディクテーションは、自分の弱点を浮き彫りにする

ディクテーションで正確に書き取ることができない箇所は、自分が聞き取ることのできない箇所で、それは**自身のリスニングの弱点**でもあります。ディクテーションの演習を通じて、自分の弱点を浮き彫りにしていきましょう。

▶ 弱点をシャドーイングで補う

弱点を発見したら、ネイティブの音声に合わせて、シャドーイングします。シャドーイングとは、英語の音声が流れた直後に、影のように後ろから追いかけて発声する方法です。これを何度も繰り返すことは、英語の発音とリズムをつかみ、リスニング力を劇的に高める特効薬となります。1つの英文につき、**最初の5回はスクリプトを見ながら**でよいので、必ず繰り返してください（これは厳密には**オーバーラッピング**といいます）。余力のある方は、**もう5回スクリプトを見ずに、音だけで発声してみる**とよいでしょう。1つの文章につき、**10回音読**するのが理想です。

それでは、ディクテーション問題の問1の解説に入っていきましょう。

問 1

読み上げられた英文と正解

M : That was a great movie!

W : Yeah, the special effects were cool.

M : I really liked the story and the acting.

W : Me, too. But the movie (could've been) a bit shorter.

読み上げられた英文の訳

男：映画最高だったよね。
女：うん、特殊効果も格好良かった。
男：ストーリーも演技もすごく良かった。
女：私もそう思うわ。けど、映画がもうちょっと短かったらよかったのに。

重要語彙リスト

□ special effects	名	特殊効果
□ acting	名	演技

　正解は、could have been の短縮形の could've been になります。**could have been** で**「〜だったらよかったのに」**となります。過去の事実の反対を表す表現です。

　他にも似た形で、**must have been「〜だったにちがいない」**、**may have been「〜だったかもしれない」**、**might have been「〜だったかもしれない」**があります。これらの表現で要注意なのが、助動詞と have が短縮されて、それぞれ could've, must've, may've, might've となることです。これが最初のリスニング POINT になります。**must have been【マストゥ　ハヴ　ビン】**と3語で読まれるのではなく、must've been【マストゥヴィン】とひとカタマリで読まれることが多いことをおさえておきましょう。

さらに、[助動詞]＋have p.p. では、過去の後悔を表す should have p.p.「〜すべきだったのに」もよく登場します。should と have が短縮されて **should've【シュダヴ】**と読まれることに注意しましょう。

POINT 1	[助動詞]＋have p.p. の短縮形	音声

① must've been 【マストゥヴィン】

② may've been 【メイヴィン】

③ might've been 【マイトゥヴィン】

④ could've been 【クドゥヴィン】

⑤ should've（p.p.）【シュダヴ】　　　　　　p.p.＝過去分詞

問2

第1章

読み上げられた英文と正解

[H : Helen, G : grandfather]

H : Grandad, what was it like when you were young?

G : Well, Helen, we didn't have TV, although I did listen to the radio.

H : Wow, it（ **must've been** ）really boring without TV.

G : Well, actually I had lots of fun playing outdoors with my friends.

読み上げられた英文の訳

[H：ヘレン、G：祖父]

H：おじいちゃん、若い頃って、どんな感じだった？

G：ええと、ヘレン、私たちの時代はテレビなどなくて、ラジオをよく聴いていたよ。

H：そうなんだ、テレビがなかったらすごく退屈だったでしょう。

G：そんなことなくてね、友人と外で遊ぶのが本当に楽しかったものだよ。

重要語彙リスト

☐ grandfather（grandad）	名	祖父（おじいちゃん）
☐ What is S like?	熟	S はどのようなものか？
☐ must have p.p.	熟	～だったにちがいない
☐ boring	形	退屈な
☐ actually	副	実際に
☐ have fun	熟	楽しむ
☐ outdoors	副	屋外で

助動詞 ＋have p.p. の must have been が正解です。実際には、**must've been【マストゥヴィン】**と発音することに注意しましょう。ヘレンの最初の発言の what was it like ～? についても説明します。これは、元々前置詞の like「～のような」を使った **It was like ～.「それは～のようだった」**の～が疑問詞の what に置き換わり、疑問文として、**what was it like「それはどのようなものだったか」**となった表現です。

問3

読み上げられた英文と正解

M : I（ **may've left** ）my wallet on the table. It's brown leather. I just had lunch here.

W : I'll check with the manager. What's your name?

M : John Smith.

読み上げられた英文の訳

男：テーブルに財布を置き忘れたかもしれない。茶色のレザーのやつ。ここでたった今ランチを食べていたんだ。

女：支配人に確認してみます。お名前は何ですか？

男：ジョン・スミスです。

重要語彙リスト

☐ may have p.p.	熟	〜したかもしれない
☐ leather	名	レザー（皮革）
☐ check	動	確認する

　正解は、may've left です。**may have p.p.** で「**〜したかもしれない**」です。POINT 1 で扱った may have been の been が left に変わったのが本問です。同様に、may と have が短縮されて【メイヴ】となることに注意しましょう。

問4

M：I didn't understand the reading homework.

W：（ **Why don't you** ）ask our teacher for help?

読み上げられた英文の訳

男：読書の課題が理解できなかったよ。

女：先生に助けを求めてみたら？

重要語彙リスト		
☐ reading homework	名	読書の課題
☐ Why don't you ～?	熟	～してはどうですか？
☐ ask A for B	熟	A に B を求める

Why don't you「～してはどうですか？」が正解です。もう１つの重要表現である **Why don't we ～?**「～しませんか？」と一緒にまとめます。

POINT 2 　　　提案表現

① **Why don't you ～?**【ワイドンチュー／ワイドンニュー】

「～してはどうですか？」（相手への提案）

② **Why don't we ～?**【ワイドンウィ】

「～しませんか？」（自分を含めた提案）

Why don't you ～? は、直訳すると「なぜ～しないの？」で、意訳して「～してはどうですか？」という**提案表現**になります。一方で、**Why don't we ～?** は、「なぜ私たちは～しないのか？」＝「～しませんか？」という Let's を丁寧にした**自分を含めた提案表現**です。それぞれの発音も注意で、**Why don't you ～?** は【ワイドンチュー】また

は【ワイドンニュー】のように読まれます。don't you の部分は、don't の t の音が消えて you と一緒になり、【ドンニュー】のように発音されることがあります。**Why don't we 〜?** は【ワイドンウィ】のように読まれることに注意しましょう。

問5

M : Do you have a moment? I'd like to talk about our new plans.

W : All right.（ **Why don't we** ）have a meeting later today?

M : Great, say ... five then?

男：少々お時間よろしいですか？　新しい計画について話したいことがあります。
女：いいですよ。今日、後でミーティングをしませんか？
男：ありがとうございます、それでは 5 時はいかがですか？

重要語彙リスト		
□ moment	名	瞬間
□ Why don't we 〜?	熟	〜しませんか？

Why don't we「〜しませんか」が正解です。**POINT 2** で説明した通り【ワイドンウィ】と発音します。**Why don't you 〜?** との違いは、**we** と **you** にあります。Why don't we 〜? は、**自分と相手を含めた提案**なので、Let's 〜. を丁寧にして「**〜しませんか？**」となるのがわかるでしょう。一方で、**Why don't you 〜?** は、**相手への提案**なので、「**〜してはどうですか？**」になります。

問6

読み上げられた英文と正解

M : Was your train very crowded?

W : (Not at all). But it was way behind schedule.

M : Was there an accident?

W : (I don't know). The announcements didn't say there was.

読み上げられた英文の訳

男：電車はとても混んでいましたか？

女：全く混んでいませんでした。けど、予定の時間よりずっと遅れていました。

男：事故でもありましたか？

女：わからないです。アナウンスでは事故があったとは言っていませんでした。

重要語彙リスト

☐ crowded	形	混雑した
☐ way	副	ずっと
☐ behind schedule	熟	予定より遅れて
☐ accident	名	事故
☐ announcement	名	アナウンス

Not at all「全くない」と、**I don't know**「わからない」が正解です。Not at all. の発音は、とても特徴的なので、紹介していきましょう。まず【ナットゥ　アットゥ　オール】と3語で発音するのではなく、【ナラローゥ】のように、ひとカタマリの音で発音します。極めつけは、Not と at の t の音が［r］の音に変化するので、注意が必要になります。このように、主にアメリカ英語で t の音が［d］や［r］に変化するのをフラップ t といいます。

POINT 3　フラップ t の法則　　　音声

単語レベル

- water【ウォーダー】or【ウォーラー】
- better【ベダー】or【ベラー】
- party【パーディ】or【パーリィ】

熟語レベル

- get up【ゲダップ】or【ゲラップ】
- shut up【シャダップ】or【シャラップ】
- check it out【チェケダゥッ】or【チェケラゥッ】

　アメリカ英語では、t が前後を母音に挟まれているときに、[d] や [r] に近い音で t を発音することがあります。例えば、単語レベルでは、上にある通り、water の t が、前後を a と e の母音に挟まれているので、[d] や [r] の音へと変化して、**【ウォーダー】**や**【ウォーラー】**のような音になります。better も真ん中の tt が前後を e に挟まれているので、**【ベダー】**や**【ベラー】**のように発音します。party も t が前後を ar と y に挟まれているので、**【パーディ】**や**【パーリィ】**のように発音します。

　続いて熟語レベルでは、get up の t に着目すると、前後を e と u に挟まれているので、**【ゲダップ】**や**【ゲラップ】**の音に変化します。shut up も t が前後を u に挟まれているので、**【シャダップ】**や**【シャラップ】**の音に変化します。check it out も it の t が前後を i と o に挟まれているので、**【チェケダゥッ】**、あるいは**【チェケラゥッ】**という音に変化します。

　続いて、**I don't know.** も、特に don't と know がくっついて**【ドンノゥ】**のように発音されます。**t の音が脱落する**ことに注意しましょう。

問 7

読み上げられた英文と正解

W：（ **What are you doing** ）today?

M：I'm working at the wheelchair basketball championship.

W：Awesome! Are you assisting the players?

M：Not this time. I'll be helping people park their cars.

読み上げられた英文の訳

女：今日は何をする予定？

男：車いすバスケの大会で仕事をする予定だよ。

女：すごいね。選手の手伝いをするの？

男：今回は違うよ。駐車場の整理を手伝うことになっているよ。

重要語彙リスト

□ wheelchair	名	車いす
□ championship	名	大会
□ awesome	形	とても良い
□ assist	動	援助する
□ park	動	駐車する

　正解は **What are you doing** になります。ポイントは What are you がひとカタマリ で【ワラユ／ワリユ】のように聞こえることです。まずは、What の t が前後を a に挟 まれるので、フラップ t の法則により、[d] や [r] の音に変化します。you は【ユー】 と読まれるのは強形という強調する場合で、実際には【ユ】または【ヤ】という弱形で 読まれることがほとんどです。

POINT 4　what＋助動詞＋you の発音

① What are you doing?　【ワラユドゥイン／ワリユドゥイン】

「何をしていますか？」

② What are you going to do?　【ワラユガナドゥ／ワリユガナドゥ】

「何をする予定ですか？」

③ What do you do?　【ワドゥユドゥ】

「お仕事は何ですか？」

④ What did you do?　【ワディジュドゥ／ワディデュドゥ】

「何をしましたか？」

　①〜④すべてで、最初の2〜3語がひとカタマリで発音されるので注意しましょう。特に②は **going to** も会話では **gonna**【ガナ】と読まれることがあるので注意が必要です。

問8

読み上げられた英文と正解

M : How do you like this traditional fabric I bought in India?

W : It's beautiful! I love the design. (**What are you going to**)

　do with it?

M : I (**want to**) have a skirt made for my wife.

W : Oh, I have a friend who could help you.

M : Really? That sounds great.

読み上げられた英文の訳

男：インドで買った伝統的な生地をどう思う？

女：きれいだよ。デザインがとてもイケてる。それをどうするつもりなの？

男：妻のためにスカートを作ってもらいたいんだ。

女：それなら、私の友人が助けになるかも。

男：本当？　それは素晴らしい。

重要語彙リスト

☐ traditional	形	伝統的な
☐ fabric	名	布地
☐ That sounds great.	熟	それは素晴らしい。

　What are you going to と **want to** が正解になります。POINT 4 で示したように、**What are you going to** は【ワラユガナ／ワリユガナ】のように発音されることがあるので、注意しましょう。続いて、want to はアメリカ英語では、ひとカタマリで **wanna**【ワナ】と読まれるので、注意しましょう。実は、**サイレント t** というルールで、**n の後ろの t は脱落する**ことがあります。

POINT 5　　サイレント t　その1　

単語レベル

- twenty【トゥウェニィ】
- interview【インナヴュ】
- Internet【インナネットゥ】

文レベル

- I want to know the truth.「私は真実を知りたい」

　※ want to→wanna【ワナ】

- I wanted to work with you.「あなたと働きたかった」

　※ wanted【ウォニッドゥ】／ wanted to【ウォニットゥ】

- What's the point of it?「その要点は何ですか？」

　※ point of it【ポイノヴィ】

nとtは音の出し方が近いので、**nの後ろにtがあると、tの音が消える**ことがあります。これをサイレントtと言って、アメリカ英語では非常によくある現象です。単語レベルでは、twenty がnの後ろのtが消えるので【トゥウェニィ】のような音になったり、interview が【インナヴュ】となったり、Internet は【インナネットゥ】となったりします。

　文レベルでは、本問のように **want to** が【ワナ】となったり、wanted も【ウォニッドゥ】となったり、**point of it** が【ポインノヴィ】となったりすることに注意しましょう。

問9

M :（ **What did you** ）think of the drawing contest?

W : To be honest, I'm（ **kind of** ）surprised Hiroshi won.

M : Right. I thought Ayako had a good chance.

読み上げられた英文の訳

男：絵画コンテストはどう思った？
女：正直に言うと、ヒロシが優勝したことにちょっと驚いているよ。
男：そうだよね。僕はアヤコが十分勝つチャンスがあったと思うよ。

重要語彙リスト

☐ drawing contest	名	絵画コンテスト
☐ to be honest	熟	実を言うと
☐ kind of	熟	ちょっと
☐ have a (good) chance	熟	見込みが（十分）ある

　正解は **What did you** と **kind of** になります。What did you は POINT 4 で示したように、【ワディジュ／ワディデュ】になります。続いて、**kind of** も2語で発音されずに、

【カインダ】とひとカタマリで発音されます。ゆっくりした発音では【カインダ (ヴ)】と of の f がやや聞こえますが、少し速くなると f が欠落して【カインダ】、さらに速い発音では d も欠落して【カインナ】となります。

POINT 6　kind of【カインダ／カインナ】の発音と用法

a kind of「一種の」

- I am **a kind of** writer.「私は一種の物書きだ」

kind of「ちょっと」

- She seemed **kind of** shocked.

  「彼女はちょっとショックを受けたようだった」

- It's **kind of** like a joke.「冗談みたいなものだよ」

　a kind of で「一種の」と名詞を修飾したり、**kind of** で「ちょっと」と後ろの表現を和らげたりするのによく使います。一番下の例文のように、**It's kind of like 〜.【イッツ　カインナライク】**「それは〜のようなものだ」と使用することもあります。

問 10

読み上げられた英文と正解

W : Do you keep anything ready for emergencies?

M : (**Let me think**). I have a flashlight, gloves, and um…, some

towels in my backpack.

W : (**What about**) water?

読み上げられた英文の訳

女：緊急時に備えて何か用意してる？

男：うーん、リュックに懐中電灯、手袋とか…、あとタオルを何枚か用意してる。

女：水はどう？

重要語彙リスト

☐ emergency	名	緊急事態
☐ flashlight	名	懐中電灯
☐ glove	名	手袋
☐ What about 〜?	熟	〜はどうですか？

　正解は、Let me think「ちょっと考えさせて」と、What about「〜はどう」です。Let me think は、**Let と me がひとカタマリで発音され**、t の音が消えて【**レッミィ**】のように聞こえてくるので注意しましょう。

POINT 7　　　**let me ／ give me の発音**　　

- **let me**【レッミィ】

　A : How much is it?「それはいくらですか？」

　B : **Let me** see, it is fifty dollars.「ええと、50 ドルになります」

- **give me**【ギッミィ】

　Give me a coffee, please.「コーヒーを 1 杯ください」

Let me see. は【レッミィスィー】のように発音して、t が消えます。well と同様に、「ええと」と会話をつなぐ場面でよく使います。give me も v の音が消えて、【ギッミィ】のように聞こえるので、注意しましょう。

POINT 8 What about ／ How about の発音

- **What about** 〜?【ワラバウ（トゥ）】
  「〜はどうですか？」
- **How about** 〜?【ハウバウ（トゥ）】
  「〜はどうですか？」

What about 〜? は How about 〜? と共に、「〜はどうですか」と、会話の中では、非常によく使う表現です。例えば、相手の意見を聞きたいときに、**What**（**How**）**about you?** で、**「あなたはどうですか？」**と、相手の意見を聞くことができます。How about の方がくだけた表現で、頻度も高くなります。今日の予定を決めかねているときに、相手に **How about** a movie?「映画でもどう？」と提案をするときにも使うことができます。

　発音は、What と about をひとカタマリで読みます。t は**フラップ t の法則**で【r】の音になり、【ワラバウ（トゥ）】に近い音になります。一方で、How about 〜? は about の a が欠落して、【ハウバウ（トゥ）】に近い音になります。

問11

読み上げられた英文と正解

[F : Father,　D : Daughter]

D : Dad, can we go camping this summer?

F : I'd love to go camping, but we don't have any equipment.

D : The sports shop is having a big sale this week.

F : OK,（ **let's check it out** ）.

読み上げられた英文の訳

[F：父、D：娘]

D：お父さん、今年の夏はキャンプに行ける？

F：キャンプにぜひ行きたいんだけど、キャンプ用品がないんだ。

D：スポーツショップで今週ビッグセールをやっているよ。

F：わかった、調べてみよう。

重要語彙リスト

☐ would love to *do*	熟	～したい
☐ equipment	名	装備
☐ check it out	熟	調べてみる

　正解は、**let's check it out**「調べてみよう」になります。**POINT 3** の**フラップ t の法則**で紹介したように、まず、check と it がひとカタマリで【チェキッ】または【チェケッ】のように発音されます。続いて、it と out が連続して、フラップ t の法則により t が［d］や［r］の音になるので、【チェケダゥッ】とか【チェケラゥッ】のように発音されます。

　動詞＋it＋副詞 の発音が特徴的な表現をまとめます。

POINT 9　動詞＋it＋副詞のイディオムの発音　音声

① You should **look it up** in the dictionary.【ルキラッ】

「あなたはそれを辞書で調べるべきだ」

② You can **pick it up** at our counter.【ピキラッ】

「あなたはそれを、弊社のカウンターで受け取ることができます」

③ **Check it out** yourself.【チェケダゥッ／チェケラゥッ】

「自分でそれを確かめなさい」

　①～③のような動詞＋副詞のイディオムは、目的語が it の場合は動詞＋it＋副詞で、it を挟む語順になります。look up「調べる」の目的語が it であれば **look it up** とします。it の t が前後を i と u に挟まれる**フラップ t** なので、【ルキラッ】と発音します。続いて、②の pick up「拾う」が it を目的語にとると、**pick it up** になります。look it up と同様に、it の t が**フラップ t** で [r] になるので、【ピキラッ】になります。

問12

読み上げられた英文と正解

[S1 : Student 1,　S2 : Student 2]

S1 : We（ are supposed to ）meet the rest of our class at the east entrance of the station, but I think we are lost.

S2 : Oh no! What should we do?

S1 : Let's ask that lady over there if she can give us directions.

読み上げられた英文の訳

[S1：学生1、S2：学生2]
S1：僕たちは駅の東口でクラスの残りと合流する予定だけど、道に迷ったと思う。
S2：そうなんだ！　僕たちはどうしたらいいかな？
S1：向こうにいるあの女性に道を教えてもらえないかきいてみよう。

重要語彙リスト

☐ be supposed to *do*	熟	～することになっている
☐ the rest of ～	熟	～の残り
☐ entrance	名	入口
☐ over there	熟	向こうに
☐ direction	名	道順

　正解は、**are supposed to** になります。**be supposed to** *do*「～することになっている」と予定や義務を表すものです。要注意なのが、**supposed to** がひとカタマリで発音されることです。【サポウストゥ】のように、真ん中の d は欠落して、**to** と一緒に発音されます。

POINT 10　*do* の前の音が変化する熟語　音声

① **be supposed to *do*「～することになっている」**

You are **supposed to** come at six tomorrow.【サポウストゥ】

「あなたは明日 6 時に来なければいけない」

② **used to *do*「以前は～した」**

I **used to** play soccer when I was in high school.【ユーストゥ】

「高校生の頃サッカーをよくしたものだった」

③ **have to *do* (has to *do*)「～しなければならない」**

- You **have to** wash your hands before a meal.【ハフトゥ】

　「食事の前には手を洗わなければならない」

- He **has to** finish his report by tomorrow.【ハストゥ】

　「彼は明日までにレポートを終えなければならない」

　used to も supposed to と同様に、ひとカタマリで【ユーストゥ】と発音されます。used の d が脱落して to とくっつくイメージです。続いて、③の **have to** は v の音が【フ】の音になって【ハフトゥ】になり、**has to** も s の音が【ス】の音になって【ハストゥ】になります。

問13

読み上げられた英文と正解

W：(There you are). Have you been waiting long?

M：Yes, for 30 minutes! (Where've you been)?

W：Well, I was waiting on the other side. I didn't see you so I came around here.

M：I've been calling your phone, but I couldn't get through.

W：Sorry, my battery died. Anyway, I'm here now.

読み上げられた英文の訳

女：いたいた。長い時間待ってた？
男：ええ、30分待ってたよ。どこにいたの？
女：ええと、反対側で待ってたのよ。あなたがいなかったので、ここら辺に来たのよ。
男：電話したんだけど、通じなかったんだ。
女：ごめんなさい、バッテリーが切れてて。とにかく、会えて良かった。

重要語彙リスト

☐ There you are.	熟		ああ、ここにいたの。
☐ get through	熟		電話が通じる
☐ anyway	副		とにかく

　正解は **There you are.** と **Where've you been** になります。**There you are.** は、ここでは「いたいた」とか「そこにいたんだ」のような意味で、**待ち合わせで相手を発見したとき**に使用しています。

POINT 11　there を使った会話表現

① **There you are.**

「はい、どうぞ」「いたいた／そこにいたんだ」

② **There you go.**

「(相手の求めるものを差し出して) はい、どうぞ」

①の **There you are.** は「はい、どうぞ」の意味の他、直訳して「**あなたはそこにいるんだ**」=「**いたいた**」という意味にもなります。②の **There you go.** はいくつか用法がありますが、**Here you go.** と同じで、「**あなたの求めているものがそこにあります**」=「**はい、どうぞ**」という意味で使われます。

POINT 12　疑問詞 + have you been

① **How've you been?**【ハウヴュビン】

「最近どう？」

② **Where've you been?**【ウェアヴュビン】

「今までどこにいたの？」

それぞれ、How are you?「元気？」や Where are you?「どこにいるの？」と違って、**現在完了形**が使われていることに注意しましょう。省略せずに書くと、**How have you been?** なので、「**ちょっと前から今までどうしてた？**」=「**最近どう？**」となります。**Where have you been?** でも「**ちょっと前から今までどこにいたの？**」=「**今までどこにいたの？**」となります。

　発音も注意が必要で、①は **How've you been?** のひとカタマリで読まれて、【ハウヴュビン】のようになります。②も **Where've you been?** のひとカタマリで【ウェアヴュビン】となるので、注意しましょう。

問14

読み上げられた英文と正解

M :（ **Why don't we** ）pick our cat's name from Swahili?

W : Yeah! How about *amani*? It means peace.

M :（ **Sounds good.** ）What's beauty by the way?

W : *Uzuri*. It's a bit difficult to pronounce though.

読み上げられた英文の訳

男：スワヒリ語から猫の名前を付けない?

女：そうだね。*amani* とかどうかな?　平和の意味だよ。

男：いいと思う。ところで、美って何て言うの?

女：*Uzuri* だよ。ただ、発音するのがちょっと難しいんだ。

重要語彙リスト

☐ Why don't we 〜?	熟	〜しませんか?
☐ peace	名	平和
☐ Sounds good.	熟	いいね。
☐ by the way	熟	ところで
☐ pronounce	動	発音する

　正解は、**Why don't we** と **Sounds good.** になります。**Why don't we 〜?** は、POINT 2 で学んだように、「**〜しませんか?**」という**提案表現**です。**Why don't you 〜?**「**〜してはどうですか?**」の**提案表現**と一緒におさえておきましょう。

　続いて **Sounds good.** は主語の That が省略された表現です。That は相手の提案を指しており、ここでは *amani* のことです。**sound C「C に思われる」**から、「**いいね**」という意味です。

第
1
章

POINT 13 　　　承諾の表現　その1 　　　　　表現

① （That) **Sounds good.**「いいね」

② **Of course.**「もちろん」

③ **Sure.**「もちろん」

④ **Certainly.**「もちろん」

⑤ **By all means.**「ぜひとも」

⑥ **Why not?**「もちろんいいよ」

　相手の提案に対して承諾を伝える際の表現です。たくさんあるので、少しずつ紹介していきます。② **Of course.**、③ **Sure.**、④ **Certainly.** は、「もちろん」の意味です。

　⑤は **By all means.**「ぜひとも」の意味です。**means** が名詞で「**手段**」の意味なので、「あらゆる手段を使っても」＝「ぜひとも」になります。⑥は、**Why not?**「（相手の提案に対して）なぜダメなの？」＝「もちろんいいよ」になります。

問15

読み上げられた英文と正解

M：Happy New Year, Aki!（ **Long time no see** ）.

W：Wow, Paul! When did you come back from Sweden?

M：Ha, ha! I'm the last person you expected to see, right?

読み上げられた英文の訳

男：あけましておめでとう、アキ。久しぶりだね。

女：ああ、ポール。いつスウェーデンから帰ってきたの？

男：あはは！　僕と会うなんて予想してなかっただろ？

重要語彙リスト

☐ Long time no see.	熟	久しぶり。
☐ the last person 〜	熟	最も〜しそうにない人
☐ expect to *do*	熟	〜することを期待する

正解は **Long time no see.「久しぶり」** になります。

英語で **「久しぶり」** を意味する表現を紹介します。

POINT 14　　「久しぶり」の表現

① **Long time no see.**

② **It's been a long time.**

③ **It's been a while.**

④ **It's been ages.**

①の **Long time no see.** は中国語の「久しぶり」を意味する**好久不見**というあいさつに、そのまま英単語を当てはめたという説があり、通常の英文法は無視して使われています。②〜④はすべて同じ理屈で、後ろに **since I met you last time**「**あなたに最後に会ってから**」が省略されています。It は**時の it** で、**'s** はすべて **has** の省略です。a long time「長い間」、a while「一定の間」、ages「長年」と**すべて一定の歳月が経過したことを意味します**。よって、**「あなたに最後に会ってからずいぶん経ちましたね」＝「久しぶり」**になります。

　以上でディクテーション問題の解説は終わりになります。**ディクテーションで基本的なリスニングの力を身につけたら、シャドーイングでさらにリスニングの力を向上させていきます。**初めて接する問題で全然わからなくても、シャドーイングを 10 回繰り返すことで、1 つずつの音声にしっかりと向き合って、自分のものにしてください。

第2章

イラスト・地図・グラフ
描写問題の対策

イラスト・地図・グラフ描写問題は、**共通テストの第1問や第2問で数多く出題される形式**なので、本書で演習を積んでいきましょう。ここから、本書の特徴の1つである**メモ取りの技術**も紹介します。

もっともメモを取る取らないは自由なので、メモを取りたくない人は、しっかりと聞き取るべき表現と思って、以降の説明にお付き合いください。

聞きながらメモを取るのは、慣れないうちは大変です。しかし、同時通訳の方々ですら、正確な理解のためにメモを取る人が多いようです。一方で、あくまで**聞くことが大切で、メモを取ることは二次的なものだ**ということも覚えておきましょう。本書では具体的に、**メモを取る、あるいはしっかりと聞き取るべき単語や表現は、水色の帯で記している**ので、自分のメモと合っているかどうかを確認しつつ、進めてください。

そして、もう1つ、この章からしっかり身につけてほしい技術を紹介します。それは、**設問・選択肢の先読み**です。これをやるとやらないとではリスニングの正答率が非常に変わってくるので、少しずつコツをつかんでいきましょう。

POINT 15 　　　　設問・選択肢の先読み　　　　解法

　音声が流れる前に、設問や選択肢の内容を先に読む技術。**設問を先に読むことで、どの内容を重点的に聞けばいいかわかる**のと、時間の許す限り**選択肢に目を通すことで、おおよそのストーリーを前もって理解できるので、選択肢の処理が早くなります。**選択肢は、共通部分を除き、**相違点をチェックしましょう。**

例えば問1の場合、設問のどの表現またはイラストのどの部分をチェックすればよいのかを紹介します。

問1

設問の訳：女性はどんな服装をしているか？

正解　　④

◆ 先読み

How is the woman dressed?

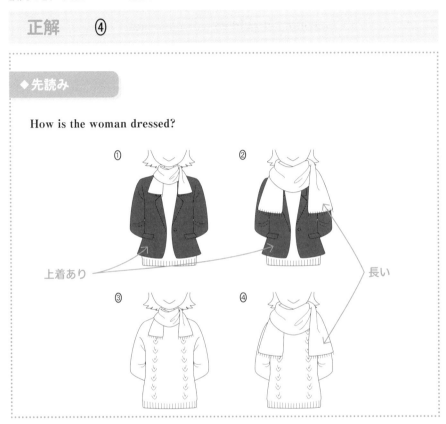

① 上着あり

③ 長い

　設問から**「女性の服装」**が聞かれるとわかります。さらに、イラストに注目すると、**「上着の有無」**と**「マフラーの長さ」**に違いがあるので、そのあたりの情報の聞き取りが、重要になってくるのではないかと予想することができます。では、実際に読み上げられた英文を見ていきましょう。

読み上げられた英文

M : It's cold today.

W : Yeah, it's **freezing**! I **should've worn a jacket**.

M : But you've got a **big scarf** wrapped around your neck.

W : I know, but I'm still cold.

　女性の最初の発言の freezing「凍える」は、cold を強めた表現です。should've worn は、**POINT 1** で扱った 助動詞 ＋have p.p. の表現です。should have の短縮形である **should've【シュダヴ】**が使われていることに注意しましょう。worn は wear の過去分詞です。wear-wore-worn と変化します。

　I should've worn a jacket.「上着を**着るべきだった**なあ」から、実際には着ていなかったとわかるので、③、④が正解の候補とわかります。続いて、男性の2番目の発言で **big scarf** とあるので、**正解は**④になります。

　本問では、**jacket「上着」、scarf「スカーフ、マフラー」**が登場しているので、**衣服に関する表現**をまとめます。身近で簡単そうな単語ですが、英語でなんというかを意外と知らなかったり、正しい発音を認識できていないことが多いため、確認しておきましょう。

POINT 16　衣服に関する表現　　　　　表 現

① **シャツ系**
T-shirt「T シャツ」 ／ **dress shirt**「ワイシャツ」
sleeveless shirt「ノースリーブシャツ」 ／ **polo shirt**「ポロシャツ」

② **上着**
jacket「ジャケット」 ／ **blazer**「ブレザー」

③ **トレーナー**
sweatshirt「トレーナー」 ／ **sweats**「スウェット」 ／ **hoodie**「パーカー」

④ **ズボン類**
trousers（pants, slacks）「ズボン」 ／ **jeans**「ジーンズ」 ／ **shorts**「短パン」

①のシャツ系から確認していきます。意外なことに、**dress shirt** で**「ワイシャツ」**になります。日本語の「ワイシャツ」は、元々 white shirt「ホワイトシャツ」だったものが、white が「ワイ（トゥ）」と聞こえて、「ワイシャツ」となったことが由来です。sleeveless shirt は sleeve「袖」が less「ない」になるので「ノースリーブシャツ」になります。

続いて、上着は jacket ですが、**学生やあるチーム全体で着用するジャケット**を **blazer** と言います。「トレーナー」は sweatshirt で、**元々は sweat「汗」を吸収する衣服**がトレーナーの由来です。sweats「スウェット」も汗を吸い取る衣服が由来です。hoodie は「パーカー」のことで、**頭に被る hood「フード」**からきています。

最後にズボン類は、trousers, pants, slacks とすべて複数形です。**2 本の脚をイメージするので、複数形で使います。**

次に、**freezing「凍えるような」**と**寒暖に関する表現**が出てきているので、整理します。

POINT 17　寒暖・湿度に関する表現　表現

① **寒い系**
cool「涼しい」 ⇒ **chilly**「肌寒い」 ⇒ **cold**「寒い」 ⇒ **frosty**「霜が降るほど寒い」 ⇒ **freezing**「凍えるような」

② **暖かい系**
warm「暖かい」 ⇒ **hot**「暑い」 ⇒ **scorching hot**「焼けつくように暑い」

③ **乾湿系**
humid「湿度の高い」／ **damp**「じめじめした」／ **muggy**「蒸し暑い」⇔ **dry**「乾燥した」

①の**寒い系**の **cool**「涼しい」から **chilly**「肌寒い」は、夏から秋に変わる季節に使う表現で、cold より弱い程度の寒さです。cold がさらに寒くなると、**frosty**「霜が降るほど寒い」となり、さらに寒さが進むと、本問の **freezing**「凍えるような」になります。②の**暖かい系**は、**warm**「暖かい」から **hot**「暑い」となり、さらに焼けつくような暑さには、**scorching hot**「焼けつくように暑い」を使います。続いて、③の**乾湿系**は、**humid** が**一般的な湿度の高さを表す表現**です。**damp** は**不快な湿気**で、**muggy** は**湿気＋暑さ**から「**蒸し暑い**」になります。

読み上げられた英文の訳

男：今日は寒いね。
女：ええ、ひどく寒いよ。上着を着てくるべきだったなあ。
男：けど、大きなマフラーを首に巻いてるじゃん。
女：そうだけど、それでも寒いのよ。

重要語彙リスト

☐ freezing	形	凍るような
☐ should have p.p.	熟	～すべきだったのに
☐ scarf	名	スカーフ、マフラー
☐ wrap	動	包む
☐ neck	名	首

問2

◆先読み

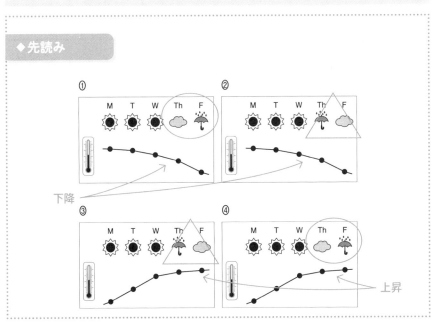

下降

上昇

読み上げられた英文

W : Will it be warm next week?

M : It should be **cold at first**, then get **warmer**.

W : I heard it'll be **sunny**, though, right?

M : Yes, except for **rain** on **Thursday** and **clouds** on **Friday**.

Question :

Which is the correct weather forecast?

　男性の最初の発言で、**cold at first**「はじめは寒い」、**warmer**「暖かくなる」から、気温が右上がりになっている③、④に正解の候補を絞ります。続いて、女性の2番目の

発言で、**sunny「晴れた」** という表現があり、男性の2番目の発言で、**rain ／ Thursday ／ clouds ／ Friday** とあるので、③**が正解**とわかります。

曜日がいくつか登場するので、**曜日のメモ取りの技術**を紹介します。

POINT 18	曜日をメモする技術					解法

日曜日	月曜日	火曜日	水曜日	木曜日	金曜日	土曜日
Sunday	Monday	Tuesday	Wednesday	Thursday	Friday	Saturday
Su	**M**	**Tu**	**W**	**Th**	**F**	**Sa**

　週の予定を話すようなリスニングの問題では、曜日表現は頻出です。曜日のスペリングすべてをメモするのは時間が足りないので、基本は頭文字だけをメモします。一方で、**日曜日と土曜日は頭文字が被るので、もう1字残して、Su, Sa** とします。さらに、**火曜日と木曜日も頭文字が同じなので、Tu, Th として区別しましょう。**

続いて、**sunny, rain, clouds** と**天候に関する表現**が出てきたので、整理します。

POINT 19	天候に関する表現	表現

① **晴れた天候**
　fine（nice）／ sunny ／ clear「晴れの」
② **曇りの天候**
　cloudy「曇った」⇒ **overcast**「(雲に包まれて) どんよりした」⇒ **gloomy**「(気分が滅入るような) どんよりした」
③ **雨の天候**
　foggy「霧の」⇒ **rainy**「雨降りの」⇒ **snowy**「雪の降っている」
④ **風の天候**
　breezy「そよ風の吹く」⇒ **windy**「風の吹く」⇒ **stormy**「嵐の」

　まずは、①の晴れを意味する英語表現です。fine は主にイギリスで使う「晴れた」で、アメリカでは nice を使います。**sunny は、sun「太陽」**からわかる通り、**太陽が照って晴れた天気**を意味します。**clear は澄み切って雲一つない快晴**です。

　続いて、②の曇りの天候では、通常の「曇った」は cloudy となります。**overcast「どんよりした」**は、**over「上に」＋cast「雲を投げかけられた」**から、**空の95％以上を超えるようなレベルで雲が覆っている場合**に使います。**gloomy「どんよりした」**は、**沈んだ気持ちを表すときにも使うので、気が滅入るような曇天**を意味します。

　③の雨の天候は、**foggy が「霧の」**で、雨になると **rainy「雨降りの」**で、雪が **snowy「雪の降っている」**になります。

　④の風の天候は、**breezy「そよ風の吹く」**で、**さわやかな風が吹いている気持ちよい様子**です。**windy「風の吹く」**となると、**わりと強い風**になります。風がさらに強くなると、**stormy「嵐の」**となります。

読み上げられた英文の訳

女：来週暖かくなるかなあ？
男：最初は寒いけど、徐々に暖かくなると思うよ。
女：でも、晴れると聞いたよ、あってる？
男：うん、木曜日の雨と金曜日の曇りを除いてはね。
質問：
どれが正しい天気予報か？

重要語彙リスト

□ sunny	形	晴れた
□ except for	熟	〜を除いて
□ weather forecast	名	天気予報

問3

正解　②

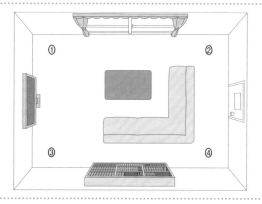

読み上げられた英文

M : How about there, near the **bookshelf**?

W : I'd prefer it by the **window**.

M : OK. Right here, then?

W : No, that's **too close** to the **TV**. I think **the other corner** would

be **better**.

Question :

Where does the woman want to put the Christmas tree?

　男性の最初の発言の **near the bookshelf**「本棚のそば」に対して、女性の発言は **by the window**「窓のそば」なので、①と②に正解の候補を絞ります。女性の2番目の発言で、**too close to the TV**「テレビに近すぎる」とあることから、①が不適で、②**が正解**とわかります。too はマイナスのニュアンスがあるので、リスニングの際には要注意です。

本問でも登場した**位置関係の描写で使う表現**をまとめます。

POINT 20 　　　位置関係の描写で使用する表現　　　表現

① **上下の関係**

above ／ over「〜の上に」⇔ below ／ under「〜の下に」

② **左右の関係**

next to ／ beside「〜の隣に」

③ **遠近の関係**

far from「〜から遠い」⇔ near ／ close to ／ by「〜に近い」

④ **前後の関係**

in front of「〜の前に」⇔ behind「〜の後ろに」

　位置関係を問う表現はリスニングの問題でよく狙われます。①の**上下**は、上が **above** と **over** です。両方とも使える場面も多く、区別をすると **above** は**真上を含めた上方の位置**で、**over** は**真上を含めて覆って**というイメージです。反対に、下は **below** や **under** です。**below** は **above** の反対で、真下を含めた下方の位置です。**under** は **over** の反対で、真下を含めて覆われるように下にあるイメージです。

　②の**左右の関係**は、**next to**「〜の隣に」です。**beside** もほぼ同じイメージでよいでしょう。これに少し距離があると、③の**遠近の関係**になります。**near**「〜の近くに」は **close to** や **by** と近い意味です。反対に**遠い場合**は **far from**「〜から遠い」を使います。

　最後は④の**前後の関係**で、**in front of**「〜の前に」と、その反対が **behind**「〜の後ろに」となります。

読み上げられた英文の訳

男：そこの本棚の近くはどうかな？

女：窓際の方がいいわ。

男：オッケー。じゃあ、ここでいいかな？

女：ダメよ、テレビに近すぎるわ。もう一方の角の方がいいと思う。

質問：

この女性はクリスマスツリーをどこに置きたいのか？

重要語彙リスト

☐ bookshelf	名	本棚	
☐ prefer	動	好む	

問 4

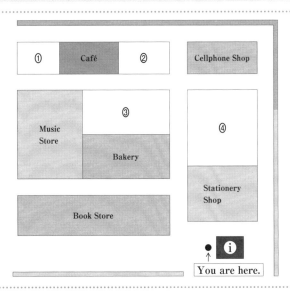

読み上げられた英文

M : I'm looking for a **smartphone** case.

W : Try the cellphone shop.

M : I did, but I couldn't find any.

W : You could try the shop **across** from the **cellphone shop**, **next** to the **café**.

Question :

Where will the customer most likely go next?

男性がスマホのケースを探していることから、女性が「**携帯ショップに行ってみたら？**」と最初の発言で提案しています。男性の2番目の発言で、I did「行ってみたんだ」とあります。この did は**代動詞の do** といって、did 1 語で、tried the cellphone shop の代わりをしています。続いて、but I couldn't find any.「けど何も見つからなかった」とあります。女性の2番目の発言の **try the shop across from the cellphone shop**「携帯ショップの向かいの店に行ってみる」から、②と④に正解の候補を絞ります。最後の **next to the café**「**カフェの隣**」から②が正解とわかります。

POINT 20 の位置関係と似ていますが、本問のような**地図の描写で使用する表現**をまとめます。

POINT 21　地図の描写で使用する表現

① **現在地**
- **You are here.**

② **進行方向**
- **Go straight ahead.**「まっすぐ進む」
- **Turn to the left**(right).「左（右）に曲がる」

③ **〜に（見える）**
- **on your left**「左に」⇔ **on your right**「右に」
- **around the corner**「角の所に」
- **across from ／ opposite**「〜の向かいに」
- **next to ／ beside**「〜の隣に」
- **near ／ close to ／ by**「〜の近くに」

まずは、①「**現在地**」をしっかりと認識しましょう。**You are here.** が「**現在地**」でここからすべてが始まります。続いて、②のどう進むかは、**Go straight ahead.「まっすぐ進む」**と **Turn to the left**(right)．**「左（右）に曲がる」**をおさえておきます。

　最後に、例えば「左に曲がると〜に見える」の「〜に」の部分です。**「左（右）に」**なら **on your left（right）** とします。**「角の所に」**は **around the corner**、**「〜の向かいに」**は **across from ／ opposite** を使います。また、**「〜の隣に」**なら **next to ／ beside** を使い、少し距離があると **near ／ close to ／ by**「〜の近くに」を使います。

読み上げられた英文の訳

男：スマホケースを探しているんだ。
女：携帯ショップに行ってみたら？
男：行ってみたけど、見つからなくて。
女：カフェの隣にある、携帯ショップの向かいのお店を試してみて。
質問：
この顧客は次にどこに行く可能性が最も高いですか？

重要語彙リスト

☐ smartphone	名	スマートフォン
☐ cellphone	名	携帯電話
☐ across from	熟	〜の向かいの
☐ next to	熟	〜の隣の

問5

設問の訳：彼らが話し合っている内容を表すグラフはどれか？

正解　②

◆ **先読み**

Which graph describes what they are talking about?

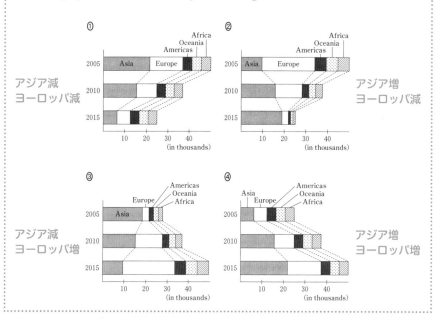

読み上げられた英文

W : Our survey shows the number of foreigners visiting our museum has been **decreasing**.

M : Especially from **Europe**.

W : But the number from **Asia** is on the **rise**.

M : At least that's good news.

女性の最初の発言 the number of foreigners visiting our museum has been **decreasing**.「外国人来館者の数が**減少している**」、続く男性の Especially from **Europe**.「とくに**ヨーロッパ系**の人が」から、①と②に正解の候補を絞ります。さらに、女性の2番目の発言 the number from Asia is **on the rise**「アジアから来た人の数が**増加中だ**」から、②**が正解**になります。

グラフの描写で使う表現をまとめます。

POINT 22　　　グラフの描写で使用する表現　　表現

① **数値が増える表現**
- **increase** ／ **rise**「増える」／（**be**）**on the rise**「増えている」／ **skyrocket**「急増する」

② **数値が減る表現**
- **decrease** ／ **decline** ／ **fall** ／ **drop**「減少する」

③ **増減の程度を表す表現**
- **dramatically**「劇的に」／ **gradually**「徐々に」

④ **数値が一定の表現**
- **remain the same**「同じままだ」／ **stable**「安定した」

④ **様々なグラフ**
- **pie chart**「円グラフ」／ **bar graph**「棒グラフ」／ **line graph**「折れ線グラフ」

読み上げられた英文の訳

女：私たちの調査によると、当博物館を訪れる外国人の数が減少している。
男：とくにヨーロッパ系の人が減少している。
女：しかし、アジア系の人の数は増えている。
男：少なくとも、それは良いニュースだ。

重要語彙リスト

☐ survey	名	調査
☐ museum	名	博物館

問6

設問の訳：彼らが話し合っている内容を表すグラフはどれか？

正解　②

◆先読み

Which graph describes what they are talking about?

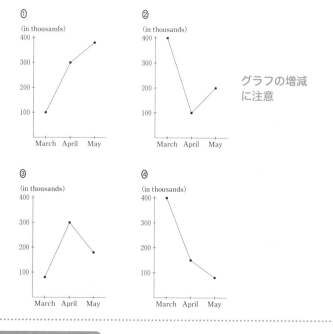

グラフの増減
に注意

読み上げられた英文

W : In **April**, monthly sales **decreased** from March.

M : Yes, but they **increased** in **May**.

W : Interesting. Sales usually **decline** in May.

M : I guess our sales campaign worked.

女性の最初の発言、**In April, monthly sales decreased ～.**「４月に月間の売り上げが減少した」から、②と④に正解の候補を絞ります。続いて、男性の最初の発言で、**they increased in May.**「売り上げが５月に増えた」から、②**が正解**とわかります。

増減をメモする技術を紹介していきます。

POINT 23　　　増減のメモ取りの技術　　　解法

　以下の単語が聞こえたら即座に記号（↗・↘）を書き込みましょう。

① **数値が増える表現**

- **increase ／ rise**「増える」／ **(be) on the rise**「増えている」／ **skyrocket**「急増する」
  ⇒　↗

② **数値が減る表現**

- **decrease ／ decline ／ fall ／ drop**「減少する」
  ⇒　↘

読み上げられた英文の訳

女：４月は、月間の売り上げが３月と比べると減少した。
男：ええ、けど、５月になると増加したよ。
女：興味深いね。売り上げはたいてい５月に落ちるのに。
男：セールスキャンペーンがきいたんじゃないかと思うよ。

重要語彙リスト

☐ monthly	形	月間の
☐ decline	動	減少する
☐ guess	動	推測する
☐ campaign	名	キャンペーン
☐ work	動	機能する

問7

設問の訳：彼らはどの本の表紙を使うつもりか？

正解　①

Which book cover will they use?

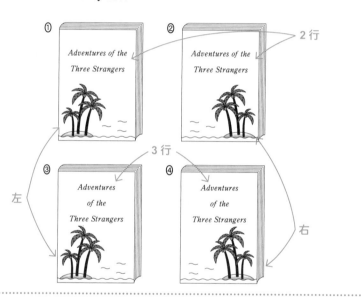

読み上げられた英文

M : The title should **not** be in **three** lines.

W : OK. And what about the palm trees?

M : Put them on the **left rather than on the right**.

W : Got it.

　しっかり聞き取るべき、あるいはメモを取るべき内容は、最初の not と three になります。**否定語や数字は絶対にチェック**しましょう。ただし、**not は×の表記で十分**です。**数字は算用数字で素早く**メモを取りましょう。続いて、**rather than も重要**です。**対比を作り出す**ので、**手前が○で、後ろが×**とメモをしましょう。

　対比を作り出す表現をまとめます。この表現が出てきたら、何が○で、何が×かがわかるようにメモを取りましょう。

POINT 24　　　対比を作り出す表現　　　表現

① **not A but B**「A ではなくて B」　⇒　A×　　　B○

② **B rather than A**「A よりむしろ B」　⇒　B○　　　A×

③ **B instead of A**「A ではなくて B」　⇒　B○　　　A×

　いずれも、A に×、B に○の表記をしましょう。本問でも、left が○で right が×です。この程度のメモがあれば、容易に①**が正解**とわかるはずです。最後の Got it. は主語の I が省略されて、I got it.「わかった」という意味の表現です。

読み上げられた英文の訳

男：タイトルは 3 行にまたがるべきではないよ。
女：わかった。ヤシの木はどう？
男：右より左側に置いて。
女：了解。

重要語彙リスト

□ What about ～?	熟	～はどう？
□ palm tree	名	ヤシの木
□ B rather than A	熟	A よりむしろ B
□ Got it.	熟	了解。

問8

設問の訳：彼らはどの写真を見ているか？

正解 ②

◆先読み

Which picture are they looking at?

読み上げられた英文

M：Look! This picture is from **last spring**.

W：What a **beautiful garden**!

M：Amazing, isn't it? And the **skyscrapers** in the distance.

W：Uh-huh. By the way, who's the **woman beside you**?

メモを取り、あるいは重点的に聞き取るべき内容は、左ページの**水色の帯**の表現になります。女性の最初の発言の What a beautiful garden! に着目しましょう。**What a ～!** で**「なんて～だ！」**、あるいは**「ああ～だ！」**という表現になります。

POINT 25　　What a ～! の表現　　表 現

① **What a surprise!**「ああ驚いた」
② **What a coincidence!**「なんて偶然なんだ」
③ **What a relief!**「ああよかった」
④ **What a shame!**「ああ残念だ」

---

　②の **What a coincidence!** は、例えば街で偶然知り合いに会ったときなどに、**「なんて偶然なんだ」**と強い驚きを表すことができます。③の **What a relief!** は、**安心してホッとしたときの表現**です。④の **What a shame!** は、shame は「恥」の意味もありますが、この場合では**「残念」**の意味なので、**「ああ残念だ」**とがっかりしたときの表現です。

　問題に戻ると、男性の2番目の発言に、**skyscraper「超高層ビル」**という表現があります。**sky「空」+scrape「ひっかく」+-er「～するもの」**で、**「空をひっかくくらい高くそびえ立つもの」**で、**「超高層ビル」**になります。そして、女性の最後の発言で **the woman beside you「あなたのそばの女性」**から、**②が正解**とわかります。

読み上げられた英文の訳

男：見て！　この写真、去年の春のだよ。
女：なんてきれいな庭なの！
男：驚きだよね？　そして遠くに超高層ビルがあるよ。
女：そうだね。ところで、あなたのそばにいる女性は誰？

重要語彙リスト

☐ amazing	形	驚く
☐ skyscraper	名	超高層ビル
☐ in the distance	熟	遠くに
☐ by the way	熟	ところで
☐ beside	前	そばの

問9

設問の訳：彼らはどのデザインを使用する可能性が高いか？

正解　　②

◆**先読み**

Which design will they most likely use?

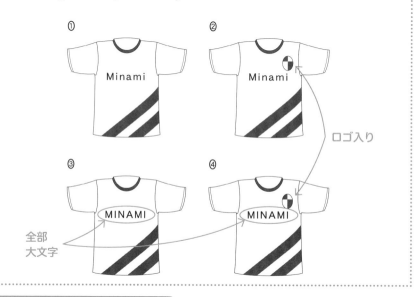

① Minami

② Minami　ロゴ入り

③ MINAMI　全部大文字

④ MINAMI

読み上げられた英文

W : I checked your design for the team **uniform**.

M : Thanks. Should I make all the **letters capital**?

W : I **don't think so**, but why don't you **add our logo**?

M : **That's cool**!

　女性の最初の発言の uniform から、ユニフォームに関する会話とわかります。男性の最初の発言の **letters** は**「文字」**で、**capital** は**「大文字」**の意味です。「文字をすべて大文字にすべきか？」の問いに、I don't think so, と答えているため、大文字にする案が却下されたとわかるので、①、②に正解の候補を絞ります。続いて add our logo と提案して受け入れられているので、正解は②です。**Why don't you 〜?「〜してみたら？」**と POINT 2 の**提案表現**が使われていることに注意しましょう。

読み上げられた英文の訳

女：あなたのチームユニフォームのデザインをチェックしたよ。
男：ありがとう。文字をすべて大文字にすべきかな？
女：そうは思わないけど、ロゴを加えてみるのはどうかしら？
男：それは格好いいねえ。

重要語彙リスト

☐ letter	名	文字
☐ Why don't you 〜?	熟	〜してみたら？
☐ add	動	加える
☐ logo	名	ロゴ
☐ cool	形	格好いい

問 10

設問の訳：会話と合っているのは、どのイラストか？

正解　　①

◆先読み

Which picture matches the conversation?

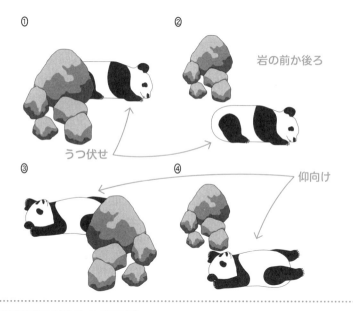

① ②
岩の前か後ろ

うつ伏せ

③ ④
仰向け

読み上げられた英文

W : Look! What a **cute panda**!

M : Which one?

W : He's **lying on his stomach** like he's sleeping.

M : Oh, I see him! He's kind of **hidden behind the rocks**.

　女性の2番目の発言で、He's **lying on his stomach**「**うつ伏せで寝ている**」とわかるので、①、②が正解の候補とわかります。**lie on *one's* stomach** で「**お腹を（地面に）接触して横になる**」=「**うつ伏せで寝る**」です。**lie on *one's* back** とすると「**背中を（地面に）接触して横になる**」=「**仰向けで寝る**」になります。男性の最後の発言で、「ちょっと岩の陰に隠れている」から、**正解は①**になります。kind of は **POINT 6** で学んだように【**カインダ** (ゥ) **／カインナ**】と発音されて、「**ちょっと**」と程度を弱めるときによく使います。

読み上げられた英文の訳

女：見て！　なんてかわいいパンダなの。
男：どのパンダ？
女：眠っているように、うつ伏せになっているよ。
男：ああ、わかった。ちょっと岩に隠れているよね。

重要語彙リスト		
☐ lie on *one's* stomach	熟	うつ伏せに寝る
☐ kind of	熟	ちょっと
☐ be hidden	動	隠れている
☐ rock	名	岩

第3章

短い対話問題の対策
問題文あり

　第3章は、2人の人間の短い会話を聞いて、テキストに明記されている問いに答える問題です。この形式は**共通テストの第3問と同じ出題形式**で、二次試験のリスニングテストでもよく出題される形式です。10問扱うので、演習を通じて得意な設問パターンにしていきましょう。

　この章でも、**設問・選択肢の先読み**をやることで解答の精度を上げていきましょう。例えば問1の設問を先読みするときに、どの表現をチェックすればいいのかを紹介します。

問1

正解　①

◆先読み

What does the man say he is going to do?
　① **Study** Portuguese　　② **Teach** Portuguese
　③ Visit **Brazil**　　　　 ④ Visit **Portugal**

　設問は、**男性のこれからの予定**を聞いているとわかります。**選択肢は、共通部分を除き、相違点をチェック**します。共通部分では差が付かずに、**相違点が正解・不正解を分ける**ことになるからです。本問の①、②では Portuguese は共通なので無視して、動詞の **Study, Teach をチェック**します。また、③、④では Visit は共通なので無視して、**Brazil, Portugal をチェック**します。これにより、「ポルトガル語を勉強するのか教えるのか」、または「どこか訪れるならブラジルなのかポルトガルなのか」が問われているとわかります。では、読み上げられた英文を見ていきます。

読み上げられた英文

W : Are you interested in joining a **Portuguese language club**?

M : Well, I **haven't studied** Portuguese in a while.

W : Don't worry. **My friend** from Brazil has a lot of **teaching experience**.

M : Really? Hmm, **I'm not so sure**.

W : **Come on**, it'll be totally casual.

M : OK, I'll **give it a try**.

　女性は最初の発言で、**「ポルトガル語を勉強するクラブに参加しないか」**と言っています。男性は「しばらく勉強していない」、そして女性が「指導経験豊富な友人がいる」と言っています。さらに男性は「どうしようかな」と返答しており、それに対して女性が「大丈夫、気軽なものだから」と説得しています。女性の度重なる説得に最後は男性が **I'll give it a try. 「やってみるよ」**と決意していることから、**①が正解**になります。

　give の第4文型を使った会話表現を紹介します。

POINT 26　　　give の第4文型を使った会話表現　　　

① **give O a try**「試しに O をやってみる」

② **give O a ride**「O を車に乗せる」

③ **give O a hand**「O を援助する」

④ **give O a ring**「O に電話をかける」

⑤ **give me a second**「ちょっと待って」

　①は「O に挑戦を与える」＝**「試しに O をやってみる」**となります。たいていは、本問のように **give it a try「試しに（それを）やってみる」**となります。続いて、② **give**

O a ride は「O に乗車を与える」＝**「O を車に乗せる」**になります。③ **give O a hand**「O に援助の手を与える」＝**「O を援助する」**になります。④ **give O a ring** は、「O にリン（電話の呼び鈴）を与える」＝**「O に電話をかける」**です。⑤ **give me a second** は「私にちょっと時間を与えて」＝**「ちょっと待って」**になります。

設問と選択肢の訳

男性は何をする予定だと言っているか？

① ポルトガル語を勉強する　　② ポルトガル語を教える

③ ブラジルを訪問する　　　　④ ポルトガルを訪問する

読み上げられた英文の訳

女：ポルトガル語クラブに入会するのに興味ある？

男：うーん、しばらくポルトガル語は勉強していないんだよね。

女：心配しなくていいよ。ブラジル出身の私の友人は、指導経験が豊富だから。

男：本当？　うーん、どうしようかなあ。

女：ぜひやろうよ、すごく気軽なものだから。

男：わかった、やってみるよ。

重要語彙リスト

☐ in a while	熟	しばらくの間
☐ totally	副	全般的に
☐ casual	形	気軽な
☐ give it a try	熟	やってみる

問2

正解　②

◆先読み

What is happening in the game?

① The Crabs are **behind**.　② The Crabs are **leading**.

③ The game is being **delayed**.　④ The game is **just beginning**.

　設問から、**試合で何が起きているか**を聞いているとわかります。**選択肢は、共通部分を除き、相違点をチェック**します。本問では、①、②の The Crabs は共通なので無視して、**behind「負けている」**と **leading「リードしている」をチェック**します。続いて、③、④は The game は共通なので無視して、**delayed「遅れている」**、**just beginning「始まったばかり」をチェック**します。これにより、「The Crabs が勝っているか負けているか」、そして「ゲームが遅れているのか、始まったばかりか」に集中して聞き取ればいいとわかります。では、読み上げられた英文を見ていきます。

読み上げられた英文

M : Oh, you're watching the baseball game, Mom.

W : Yes. It's exciting.

M : I didn't know that it had already started. Are **the Crabs ahead**?

W : They are right now, **yes**, although they were losing in the beginning. They caught up with the Porters and they're **leading now**.

M : I hope they'll win.

　男性の2番目の発言 **Are the Crabs ahead?**「**クラブズがリードしているの？**」という問いに対して、女性が **yes** と答えています。続いて、**they're leading**「**クラブズがリードしている**」とあるので、②が**正解**とわかります。

　ahead や **leading** など**ゲームの勝敗に関する表現**が出てきたので、まとめます。

POINT 27	ゲームの勝敗に関する表現	表現

① 「試合に勝つ」　　　　**win a game**

② 「O に勝つ」　　　　　**beat O ／ defeat O**

③ 「リードしている」　　**up ／ ahead ／ leading**

④ 「試合に負ける」　　　**lose a game**

⑤ 「O に負ける」　　　　**be beaten by O ／ be defeated by O**

⑥ 「リードされている」　**down ／ be losing ／ behind**

⑦ 「引き分ける」　　　　**tie ／ draw**

　まずは、「**試合の勝ち負け**」は① **win**、④ **lose** で表します。「**相手への勝ち負け**」は、② **beat ／ defeat** や⑤ **be beaten ／ be defeated** で表します。本問でも登場した「**リードしている**」は、**ahead ／ leading** 以外にも、単純に **up** で表すことができます。逆に「**リードされている**」は **down ／ be losing ／ behind** で表します。「**引き分け**」は、**tie** や **draw** で表します。

設問と選択肢の訳

試合で何が起こっているか？

① クラブズがリードされている。　　② クラブズがリードしている。

③ ゲームが遅れている。　　　　　　④ ゲームは始まったばかりだ。

読み上げられた英文の訳

男：あ、野球の試合を見ているんだ、お母さん。

女：そう、楽しいよ。

男：始まっているの知らなかったよ。クラブズがリードしているの？

女：ええ、ちょうど今リードしているけど、最初は負けていたのよ。ポーターズに追いついて、今リードしているのよ。

男：クラブズが勝てるといいね。

重要語彙リスト

☐ ahead	副	リードして
☐ right now	熟	ちょうど今
☐ in the beginning	熟	初めは
☐ catch up with	熟	～に追いつく
☐ leading	形	リードしている

問3

正解　②

◆先読み

◆先読み

Why did the man give her a present?

① It was **Christmas** Day.

② It was her **birthday**.

③ It was her **graduation**.

④ It was their **wedding** anniversary.

設問は、**Why** と **present** だけチェックしておけば、**なぜプレゼントをあげるのか**が問われているとわかるでしょう。選択肢は①〜④まで、それぞれ **Christmas** ／ **birthday** ／ **graduation** ／ **wedding** をチェックします。読み上げられた英文を見ていきましょう。

読み上げられた英文

M : Here's a little something for you, honey.

W : Wow! You **remembered** this year.

M : How could I forget? You're **a half century old** today.

W : Thanks for reminding me.

M : Sorry. Go ahead, **open it**.

W : What could it be?

M : I hope you **like** it.

W : A **diamond ring**! I **love** it!

男性の２番目の発言 **You're a half century old today.**「**今日で50歳**」から、②**が正解**とわかります。

男性の３番目の発言の **Go ahead.**「**どうぞ**」の表現を取り上げます。英語で「どうぞ」の意味になる表現を、３種類紹介します。

POINT 28　　　「どうぞ」の表現　　　表現

① **Go ahead.**
② **After you.**
③ **Here you are.** ／ **Here you go.** ／ **Here it is.**

---

① **Go ahead.** は直訳すると、「前に進みなさい」なので、**「相手がやっている行為を先に進めて」**という意味で使います。この問題でも、プレゼントを渡して、**「どうぞ包みや袋を開けて、中を取り出して」**という意味で **Go ahead.** が使われています。

続いて、②の **After you.** は、同じ「どうぞ」でも、**列に並んでいるときや、エレベーターに乗っていて、相手に先を譲るときに使う**ものです。**I will go** が省略されており、直訳すると**「私はあなたの後に行きます」**です。一方で、ここでの**日本語の「どうぞ」**は、省略を補うと**「あなたがお先にどうぞ」**なので、**英語の自分視点と、日本語の相手視点というコントラスト**に気づきます。

最後の③ **Here you are.** ／ **Here you go.** ／ **Here it is.** は、３つとも近い文脈で使いますが、**相手が何かを求めていて、「どうぞ」とそのものを渡すときに使います。**you や it が「あなたが求めていたもの」の意味で、それぞれ**「あなたが求めていたものがここにあります」＝「どうぞ」**となります。

設問と選択肢の訳

男性はなぜ彼女にプレゼントをあげたか？

① クリスマスだったから。

② 彼女の誕生日だったから。

③ 彼女の卒業式だったから。

④ 2人の結婚記念日だったから。

読み上げられた英文の訳

男：ねえ、ちょっとプレゼントがあるんだけど。

女：わあ！ 今年は覚えてくれてたんだね。

男：忘れるわけないよ。今日で50歳だね。

女：思い出させてくれてありがとう。

男：ごめんよ。じゃあどうぞ、開けてみて。

女：いったい何かしら？

男：気に入ってくれるといいなあ。

女：ダイヤモンドの指輪だわ！ ありがとう！

重要語彙リスト

□ forget	動	忘れる
□ remind	動	思い出させる
□ Go ahead.	熟	どうぞ。

問 4

正解　④

◆ 先読み

Based on the conversation, what do you think the woman will do?

① Go to the **store** to **buy a new product**.

② Join a **gym** to get in better shape.

③ Talk to a **counselor** about **emotional issues**.

④ Visit a **doctor** to get **medicine** for a problem.

設問の先読みは、**woman と do だけチェック**をして、**女性が今後何をやるかが問わ**れていると理解して、その情報に集中します。選択肢は、上記の**水色の帯**の表現をチェックしましょう。では、読み上げられた英文を見ていきます。

読み上げられた英文

W : My **toes itch** all the time. It drives me **crazy**.

M : Let me take a look. Hmmm. I think you have **athlete's foot**.

W : That doesn't make any sense. I'm **not an athlete**!

M : You don't have to be an athlete to get athlete's foot. You should

　　see a **dermatologist**.

W : A dermatologist? What's that?

M : You know ... a **skin doctor**.

W : I see. Yeah. I guess that would be a **good idea**.

男性の最初の発言で、athlete's foot が出てきます。女性は意味がわからなくて、自分はアスリートじゃないと返しています。athlete's foot は水虫のことで、運動選手の足が蒸れて、よく水虫の症状になったことからこう名付けられたようです。

続いて、「**dermatologist に診てもらうといい**」と男性が女性にすすめています。しかし、またも女性は dermatologist がわからずに、男性に **skin doctor**「**皮膚科医**」と教えてもらいます。女性の最後の返答で、**that would be a good idea.「それはいい考えだ」**と言っているので、④**が正解**になります。

設問と選択肢の訳

この会話によると、女性が何をすると思うか？

① 新商品を買うためにお店に行く。
② もっと締まった体型になるためにジムに入会する。
③ カウンセラーに心の問題について話す。
④ 疾患の薬を処方してもらうために医者を訪ねる。

読み上げられた英文の訳

女：つま先がずっとかゆい。気がおかしくなりそう。
男：ちょっと見せて。うーん、これは水虫だと思う。
女：そんなわけないでしょ。私はアスリートじゃないよ！
男：アスリートじゃなくても水虫になるんだ。皮膚科で診てもらったらいいよ。
女：dermatologist？　何それ？
男：うーんと、肌を診てくれるお医者さんだよ。
女：なるほど、うん。それがよさそうね。

重要語彙リスト

☐ toe	名	つま先	
☐ itch	動	かゆい	
☐ drive O C	動	O を C にする	
☐ crazy	形	狂った	
☐ take a look	熟	ちらりと見る	
☐ athlete's foot	名	水虫	
☐ make sense	熟	意味を成す	
☐ athlete	名	運動選手	
☐ dermatologist	名	皮膚科	
☐ skin	名	皮膚	
☐ guess	動	思う	

第3章

問5

正解 ④

◆先読み

What does the man want to say?

① It will probably **snow all night**.
② The **university** has already decided to **cancel classes**.
③ The **university never cancels classes** due to snow.
④ There's **not enough snow to cause a cancellation** yet.

設問の先読みは、**man と say をチェック**して、**男性が何を言いたいか**に集中して聞きます。選択肢は①〜④まで**水色の帯**の情報をチェックすると、**大学が雪のせいで授業を休講にする・しないの話**と前もってわかります。では、読み上げられた英文を見ていきましょう。

読み上げられた英文

W : Do you think the university will cancel classes tomorrow because of the snow?

M : **Not unless** it keeps **snowing** all night.

女性の最初の発言は、「大学は雪のせいで、授業を休講にするのか？」という、すでに先読みで理解していた内容になります。このように、**先読みすると本文の聞き取りも非常に楽になります**。続いて、男性の発言は、「一晩中雪が降り続けない限り、休講にはしないよ」となるので、④**が正解**とわかります。ここで重要なのが、**Not unless 〜.** の省略表現です。

POINT 29　省略表現　

省略表現は、**前の発言との重複・つながりを意識して理解**します。

W : Do you think the university will cancel classes tomorrow
　　because of the snow?

M : (The university will) Not (cancel classes) unless it keeps
　　snowing all night.

　本問では、**the university will cancel classes の表現が重複**するので、男性の発言では、**Not の 1 語で短縮**しています。

設問と選択肢の訳

男性は何を言いたいか？

① おそらく一晩中雪が降るだろう。

② 大学はすでに授業を休講にすると判断している。

③ 大学は雪が原因で授業を休講にはしない。

④ まだ休校にするほど雪が降っていない。

読み上げられた英文の訳

女：大学は雪のせいで明日の授業を休講にすると思う？

男：一晩中雪が降り続けない限り、休講にしないと思うよ。

重要語彙リスト		
□ university	名	大学
□ cancel	動	中止する
□ because of	熟	～が原因で
□ unless	接	～しない限り

問6

正解 ①

◆先読み

What's the problem?

① The students are **confused** about an **assignment deadline**.

② The students do **not know a good website** to get information for research.

③ The students do **not know** about the **requirements of an assignment**.

④ The students do **not know** how to **contact the instructor**.

選択肢の先読みでは、主語の **The students は共通**しているので、無視します。この情報で、正否が分かれることはありません。おそらく、①・③に **assignment 「課題」**とあるので、**課題が問題**になっているのではと推測します。それでは、読み上げられた英文を見ていきましょう。

読み上げられた英文

M : When's the **English essay due**?

W : I'm **not** sure. The class webpage says Monday but I remember the teacher said it **wasn't due** until **Thursday**.

M : I'll **email the teacher and ask** her.

W : After you find out, can you tell me what she says?

M : Sure. No problem.

　「英語の論文の締め切りはいつか？」と男性が聞いて、女性はまず「わからない」と返答し、「**木曜日まで締め切りではない**と先生が言っていた」と続けます。続いて、男性が「先生にメールして尋ねてみるよ」と返しているので、①**「学生が、課題の締め切りに困惑している」が正解です。読み上げられた英文の due が、選択肢で deadline に言い換えられている**ことに気づくのが重要です。

　due はリスニング問題では非常に重要なので、以下にまとめます。

| **POINT 30** | due の核は「当然やって来る」 | 表現 |

① **到着予定の**

　She is **due** to arrive today.「彼女は今日には到着予定だ」

② **提出期限の**

　Do you know when the paper is **due**?

　「論文の締め切りはいつか知っている？」

③ **支払い期限の**

　The tax is **due** by the end of this month.

　「税金は、今月末までが支払期限です」

---

　due は複数の意味がある多義語ですが、核が**「当然やって来る」**です。**列車などが出発したら当然やって来るのは「到着予定の」で、宿題が出たら当然やって来るのが「提出期限の」となり、借金をしたら当然やって来るのが「支払い期限の」**という意味になります。

設問と選択肢の訳

何が問題か？

① 学生が、課題の締め切りに困惑している。

② 学生が、研究の情報を入手する良いウェブサイトを知らない。

③ 学生が、課題の条件に関して知らない。

④ 学生が、教師と連絡を取る方法を知らない。

読み上げられた英文の訳

男：英語の論文はいつが締め切り？

女：わからないわ。クラスのウェブページでは、月曜と書かれているけど、先生は、締め切りは木曜だと言っていたのを覚えているよ。

男：先生にメールして聞いてみるよ。

女：わかったら、先生が何て言っているか教えてくれる？

男：うん、もちろん。

重要語彙リスト

□ essay	名	論文
□ due	形	提出期限の
□ find out	熟	わかる

問7

正解 ③

◆先読み

How many oranges will they most likely buy?

設問の先読みで、**オレンジをいくつ買うか**に集中して聞き取ります。選択肢が数字の場合は、軽く目を通すだけでいいでしょう。では、読み上げられた英文を見ていきましょう。

読み上げられた英文

W : We've got **eight** dollars for fruit.

M : We need to get a pineapple. They're **four** dollars each.

W : Definitely. And some oranges.

M : **Two for one dollar**! Let's buy **as many as we can**.

女性が「果物を買うのに**8ドルある**」と発言しています。男性はパイナップルが1つ必要だと言っており、「**1つ4ドル**」なので、残りは4ドルになります。女性の2番目の発言に、「オレンジがほしい」とあり、最後の男性の発言で、「**1ドルで2つ買える**」と言っています。**できる限り買おう**とのことなので、**残りの4ドルで、合計8個のオレンジ**が買えます。③**が正解**です。数字は必ずメモを取るようにしましょう。

設問と選択肢の訳

彼らはオレンジをいくつ購入しそうか？

① 2　　　　② 4　　　　③ 8　　　　④ 16

読み上げられた英文の訳

女：果物を買うのに8ドルある。

男：パイナップルを買う必要があるね。1つ4ドルだ。

女：了解。あとはオレンジをいくつかだね。

男：2個1ドルだ。買えるだけ買おう。

重要語彙リスト

☐ Definitely.	副	確かに。
☐ as 〜 as S can	熟	できる限り〜

問8

正解　③

◆先読み

How much of their own money will each person pay?

　問題文の先読みで、**1人当たりいくら払うか**を集中して聞き取ればいいとわかります。選択肢は数字なので、気にする必要はありません。それでは、読み上げられた英文を見ていきましょう。

読み上げられた英文

W : Our bill is **85** dollars.

M : I have a **fifteen**-dollar **discount** coupon.

W : Remember, Mom gave us **ten dollars**. Let's use that as well.

M : OK, and then we can **split** the rest.

　確実に数字をメモしていきます。**料金は85ドル**で、**15ドル割引クーポン**があるので、**70ドル**になります。女性の2番目の発言から、**母親が10ドルくれたので、残り60ドル**です。それを最後に、**split the rest「残りを割り勘する」**と言っているので、30ドルずつ払うことから、**正解は**③です。

　レストランなどの会計時に使う表現は、リスニング問題で頻出なので、まとめていきます。

POINT 31　　レストランの会計時の表現　　

① **It's on me.** 「私がおごるよ」
② **Let's split the bill(check).** 「割り勘にしよう」

　会計時で使う表現は、**自分がおごるか、割り勘**の2種類の表現を覚えておけば十分でしょう。**自分がおごる場合**は、**It's on me.** と言います。**It は勘定**を指して、**on** は「**接触**」のイメージから人を目的語に取ると**信頼の意味**が生まれて、「**その勘定は私に任せて」=「私がおごるよ」**となります。なお、少し丁寧な表現では、**I'll treat todoy.** があります。treat が「おごる」という意味です。

　続いて、②は **split** が「**割る**」です。bill はときに check となることもありますが、両方とも「**勘定**」の意味なので、「**勘定を割ろう」=「割り勘にしよう」**となります。

設問と選択肢の訳

1人当たりいくらを自分たちのお金から払うか？
① 10ドル　　② 15ドル　　③ 30ドル　　④ 35ドル

読み上げられた英文の訳

女：料金は85ドルだって。
男：15ドルの割引クーポンがあるよ。
女：ねぇ、お母さんが私たちに10ドルくれたでしょ。それも使おうよ。
男：了解、じゃあ残りを割り勘にしようよ。

重要語彙リスト

☐ bill	名	勘定	
☐ discount	名	割引	
☐ as well	熟	同様に	
☐ split	動	分割する	
☐ rest	名	残りのもの	

問9

正解　④

◆先読み

What will the woman do?

① Ask Jim to come on time　　② Find a place for Jim

③ Open the party room　　④ Speak to start the party

　設問は、**女性がこれから何をするか**で、そこを集中して聞き取ります。選択肢の先読みは大変ですが、実はこのような問題は、会話の最後の方にヒントがあることが多いので、落ち着いて最後の方を聞き取ることに集中します。読み上げられた英文を見ていきましょう。

読み上げられた英文

M : I'm **worried** about the **opening remarks** at the **party** tomorrow.

W : I heard Jim will do that.

M : He said he'll be **late** .... Would you mind **taking his place**?

W : **Not at all**.

　opening remarks が少し難しいかもしれませんが、「オープニングスピーチ」や「開会宣言」のようなものです。**worried**, **opening**, **party** から、パーティの始まりで起こることを心配していると予測しましょう。続いて、男性の２番目の発言の **Would you mind taking his place?「彼の代わりをしていただけますか？」**が重要になります。直訳すると、「彼の代わりをするのを気にしますか？」なので、「全然気にしません」と依頼を承諾すると、**Not at all.** のように、**否定表現で承諾する発言になる**ことに注意しましょう。よって、**正解は**④になります。

Would you mind *doing* 〜? の表現をまとめます。

POINT 32 Would you mind *doing* 〜? の返答

Would you mind *doing* 〜? は相手の承諾が期待できるときに使う表現です。例えば Would you mind moving a little?「ちょっとずれてもらえますか?」は、向こうにスペースがあって、**相手が明らかに動いてくれるだろうという文脈**で用います。よって、返答は「もちろん、いいよ」に相当する Not at all. や Of course, not. という返答が多くなります。例外として、「いいえ、動けません」のようなときは、Yes, I do, sorry. のように答えるとよいでしょう。

設問と選択肢の訳

女性はこれから何をすることになるか?
① ジムに時間通りに来るように頼む
② ジムのための場所を見つける
③ パーティルームを開く
④ パーティのオープニングスピーチをする

読み上げられた英文の訳

男:明日のパーティのオープニングスピーチが心配だよ。
女:ジムがそれをやると聞いてるよ。
男:彼は遅刻すると言っていて…。彼の代わりをしてもらえない?
女:ええ、全然かまわないよ。

重要語彙リスト

☐ be worried about	熟	〜が心配だ
☐ opening remarks	名	オープニングスピーチ
☐ Would you mind *doing* 〜?	熟	〜していただけますか?

問 10

正解　③

◆先読み

Why was the man surprised?

① He had to **bring** his own **bag**.

② He had to go to the **supermarket**.

③ He had to **pay money** for a **bag**.

④ He had to think about the **environment**.

選択肢の先読みで、**買い物袋が有料になる話**だとわかります。**何に驚いたか**に集中して聞いていけば、正解に近づきます。では、読み上げられた英文を見ていきましょう。

読み上げられた英文

M : I just came from the grocery store, and they **charged** me for a **shopping bag**!

W : Didn't you know? Some supermarkets do that.

M : **What for?**

W : They want you to bring your own bag to **reduce waste**.

M : Oh, I see. It's a good idea.

W : Yeah, think about the environment.

男性の最初の発言で、**買い物袋が有料だったと驚いている**から、③ **が正解**になります。**charge A for B** で**「A に B で料金を請求する」**がわかれば、正解に至るでしょう。

①が一見紛らわしいですが、男性は買い物袋をスーパーに持って行くことに驚いたわけではないので、不適。④も、最後に女性に「環境のことを考えないとね」と言われているだけで、男性が驚いた理由には当たらないので不適。男性の2番目の発言の **What for?「なぜ？」** が重要表現です。

以下に、Why? 以外の**理由を尋ねる表現**を紹介します。

POINT 33 　　　理由を尋ねる表現　　　

① **What for？「なぜ？」**
　What did you say that **for**?「あなたはなぜそんなことを言ったの？」
② **How come SV?「なぜ S が V するのか？」**
　How come you are crying?「なぜあなたは泣いているの？」

　同じ「なぜ」でも、**What for?** は**目的**を聞いており、一方で **How come SV?** は**物事の経緯**を尋ねています。What for の **for** が **「〜のために」**という意味だとわかれば、**目的を尋ねている**とわかるでしょう。丁寧に訳すと、**What for?「何のために？」** となります。上の例文では、「何のためにそんなこと言ったの？」となります。

　一方で、**How come SV?** は、元々が **How did it come about that SV?** でした。形式主語の it が使われており、直訳すると、**「それはどのように起こったのか？」**となるので、**経緯を尋ねている**とわかるでしょう。上の例文でも、丁寧に訳すと、「どういう経緯であなたは泣いているの？」となります。

設問と選択肢の訳

なぜその男性は驚いたか？

① 彼が自分の袋を持っていかなくてはならなかったから。

② 彼がスーパーマーケットに行かなくてはならなかったから。

③ 彼が袋にお金を払わなければならなかったから。

④ 彼が環境について考えなければならなかったから。

読み上げられた英文の訳

男：僕は食料品店からきたとこだけど、買い物袋が有料だった！

女：知らなかったの？　一部のスーパーではそうしているよ。

男：何のために？

女：お店が、ゴミを減らすために自前の買い物袋を持ってきてもらいたいのよ。

男：そうなんだ。良いアイデアだね。

女：ええ、環境のことを考えないとね。

重要語彙リスト

☐ grocery store	名	食料品店
☐ charge A for B	熟	A に B で料金を請求する
☐ shopping bag	名	買い物袋
☐ want O to *do*	熟	O に〜してもらいたい
☐ reduce	動	減らす
☐ waste	名	廃棄物
☐ environment	名	環境

第3章

第4章

短い対話問題の対策
問題文なし

問1

正解　　①

選択肢の訳	
① 料理	② 運動
③ 駐車	④ 日焼け止めを塗ること

読み上げられた英文

W : Can you give me a hand with this?

M : Sure. What do you need me to do?

W : Can you keep **stirring** this and make sure it doesn't **burn**? I need to check the **oven**.

Question :

What are the man and woman doing?

　女性の最初の発言で、**POINT 26** で学んだように、**give O a hand「O を助ける」**が使われています。女性の2番目の発言で、**stir「かき混ぜる」**、**burn「焦げる」**、**oven「オーブン」**が使われているので、①**が正解**とわかります。oven の発音が、カタカナと大きく異なるので、注意しましょう。

　カタカナに引っ張られて、間違った発音で覚えがちな単語を紹介します。

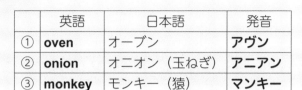

POINT 34　カタカナ語と異なる英単語　音声

	英語	日本語	発音
①	oven	オーブン	**アヴン**
②	onion	オニオン（玉ねぎ）	**アニアン**
③	monkey	モンキー（猿）	**マンキー**

　① oven は本問で登場したように、【オーブン】ではなくて【**アヴン**】と読みます。
② onion は【オニオン】ではなくて【**アニアン**】と読みます。最後に、③ monkey も
【モンキー】ではなくて【**マンキー**】と読むので注意しましょう。

読み上げられた英文の訳

女：これ手伝ってくれる？

男：いいよ。どうしたらいい？

女：これをずっとかき混ぜて、焦がさないようにしてくれる？　オーブンをチェック
　　してくるわ。

質問：

男性と女性は何をしているのか？

重要語彙リスト

□ give O a hand	熟	O を助ける
□ stir	動	かき混ぜる
□ make sure	熟	～を確かめる
□ burn	動	焦げる
□ oven	名	オーブン

問2

正解　　②

<table>
<tr><th colspan="2">選択肢の訳</th></tr>
<tr><td>① 5分前。</td><td>② 3時。</td></tr>
<tr><td>③ 2時。</td><td>④ 5時。</td></tr>
</table>

読み上げられた英文

Oh my! It's **2:55**. The class will start **in five minutes**.

Question:

What time does the class start?

　選択肢にさっと目を通した後、読み上げられる英文に集中して、**2:55**（two fifty five）をメモします。続いて、**start in five minutes「5分後に始まる」**から、**3:00 スタート**とわかるので、②が正解になります。

　時の経過の in はリスニング問題では要注意で、**与えられている時刻にプラス～分として、解答を導く問題は頻出**なので、注意しましょう。メモの際には、**＋5** のようにするのがおすすめです。

　ちなみに最初の **Oh my!** は**驚きを示す表現**なので、まとめます。

POINT 35	驚きを表す表現！	

① Oh my God! ⇒ ② **Oh my Goodness（Gosh）!** ⇒
③ **Goodness!** ⇒ ④ **Oh my!**

①の表現はストレートすぎて、あまり使用頻度が高くありません。**God「神様」**を簡単に口にすることは、神様への<ruby>冒瀆<rt>ぼうとく</rt></ruby>だと考える人がいるためです。**God** をぼかした **Goodness** や **Gosh** にして、使う人が多いようです。さらに、**Goodness!** だけや、**Oh my!** とすれば、God を直接言わなくて済むので、よく使われます。

読み上げられた英文の訳

おっと、2時55分だ。あと5分で授業が始まるよ。
質問：
授業は何時に始まりますか？

重要語彙リスト		
□ Oh my!	熟	ああ、驚いた！
□ 時の経過の in	前	〜後に

問3

正解　④

◆先読み

① Getting **married** to Suzy.　　② **Helping** his friend **Tom**.

③ **Looking for a job**.　　④ **Working in a bank**.

読み上げられた英文

W : It's hard to believe we'll be graduating next month. What are you going to do? Do you have a job lined up?

M : Yes, I'm going to be **working in a bank**. What about you?

W : Unfortunately, I **haven't found a job** yet. But did you hear about Tom and Suzy? They're both looking for work, too, but they're **getting married** anyway.

Question:

What will **the man** be doing **after graduation**?

　聞かれているのは「**男性が**卒業後に何をやる予定か」です。女性の発言に出てくる情報に反応すると、誤って①や③を選んでしまいます。Questionの内容を聞き取るのは、何より大事と心得て、2回目の読み上げで、男性の発言の**I'm going to be working in a bank.** から④を選びましょう。

選択肢の訳

① スージーと結婚する。　② 友人のトムを助ける。

③ 仕事を探す。　④ 銀行で働く。

読み上げられた英文の訳

女：私たちが来月卒業するなんて信じられないよね。何する予定なの？　就職先決まった？

男：ええ、銀行で働く予定なんだ。君はどう？

女：あいにく、まだ仕事見つかってないんだ。ところで、トムとスージーのこと聞いた？　二人とも求職中だけど、結婚するらしいよ。

質問：

男性は卒業したら何をする予定か？

重要語彙リスト		
☐ Do you have a job lined up?	熟	仕事は決まっていますか？
☐ unfortunately	副	残念ながら
☐ get married	熟	結婚する
☐ anyway	副	それはそうと

第4章

問4

正解 ①

◆先読み

① The **woman didn't understand the danger of dioxin**.

② The **man did not explain why dioxin is dangerous**.

③ The **woman** does **not care** about environmental **pollution**.

④ The man feels **dioxin is good** for the **woman's health**.

読み上げられた英文

M : Over here are the recycle bins.

W : **Why** do we have to **separate** all the trash? Is it really necessary?

M : Have you ever **heard of dioxin**?

W : **No, what's that**?

M : Well, it is a kind of **poison** in the air. If we mix plastic trash in with the paper trash, and then burn it, dioxin will come out in the smoke. You don't want to breathe a **poison**, do you?

W : Oh, I see. From now I **promise to separate** all my garbage.

Question:

What is the problem?

男性の発言と女性の発言をしっかりと区別します。女性の2番目の発言で**「ダイオキシンのことを聞いたことがない、それは何？」**という問いに対して、男性がダイオキシ

ンの危険を説明して、最後に女性がごみの分別をすると約束しているので、①**が正解**になります。③は、話をした後では、女性が環境問題に関心がないとの記述はないので、言いすぎの選択肢で不適です。

　音声の面でチェックしていくと、女性の最初の発言の **have to** が【ハフトゥ】となるので注意しましょう。男性の３番目の発言の **a kind of** が【アカインダ (ゥ)】となります。同じく３番目の発言の最後の方で、**You don't want to** が【ユドンワナ】となります。

　続いて、POINT 5 の**サイレント t** の応用編で、th の音【ð】**が消える場合**を紹介します。男性の３番目の発言 in the air は【インニエアー】、次の and then は【アンネン】、**in the smoke** は【インナスモウク】となります。n の後ろの th は、通常の濁った音ではなくて、n に引っ張られて脱落することがあります。

POINT 36　　サイレント t(th)　その２　

- **in＋th**

Every house **in this** area is small.

「この地域の家はみな小さい」

- **and＋th**

I like doughnuts, **and they** are sold at the store.

「私はドーナツが好きで、ドーナツはそのお店で売っています」

---

　in の後ろの th が脱落することがあります。上の文では、**in this** が【インニス】のように読まれることがあります。続いて、**and の後ろの th も脱落する**ことがあります。**and の d が脱落することが多いので、この表現も n の後ろの th になる**からです。**and they** などは、【アンネイ】と読まれることがあります。

選択肢の訳

① 女性はダイオキシンの危険を理解していなかった。

② 男性はダイオキシンが危険な理由を説明できなかった。

③ 女性は環境汚染を気にかけていない。

④ 男性はダイオキシンが女性の健康に良いと感じている。

読み上げられた英文の訳

男：こっちがリサイクルのごみ箱だよ。

女：なんですべてのごみを分別しなきゃいけないの？　それって本当に必要なの？

男：ダイオキシンについて聞いたことがある？

女：いいえ、それ何？

男：ええと、大気中のある種の毒だよ。プラスチックごみと紙ごみを混ぜて焼却すると、ダイオキシンが煙の中に現れるんだ。毒を吸い込みたくないよね。

女：なるほど、今からごみのすべてを分別することを約束するよ。

質問：

何が問題か？

重要語彙リスト

☐ over here	熟	こちらに	
☐ bin	名	ごみ箱	
☐ separate	動	分ける	
☐ trash	名	ごみ	
☐ hear of	熟	～の噂を耳にする	
☐ dioxin	名	ダイオキシン	
☐ a kind of	熟	一種の～	
☐ poison	名	毒	
☐ mix A with B	熟	A を B と混ぜる	
☐ burn	動	燃やす	
☐ come out	熟	出現する	
☐ breathe	動	吸い込む	
☐ promise to *do*	熟	～するのを約束する	
☐ garbage	名	ごみ	

問5

正解　②

選択肢の訳			
① 19。	② 17。	③ 13。	④ 30。

読み上げられた英文

M : How many guests will we have at our Christmas party?

W : Well, **thirteen** people say they're **definitely coming**, and **four others** still **aren't sure**. Oh, and Jill called to say **she and Bob are sorry but they won't be able to make it**.

M : That's too bad, but at least we'll have **thirteen** guests, and **maybe more**.

Question：

What is the greatest possible **number of guests** at the Christmas party?

　女性の発言で、**thirteen ... definitely coming**「13人は絶対に来る」と、**four others ... aren't sure.**「4人はわからない」から、最大で17人来る可能性があることがわかります。後半部分は聞き取りが難しいですが、ジルとボブは来ないと理解しましょう。男性の2番目の発言「**最低13人で、もっと来るかもしれない**」から、②**が正解**とわかります。

　一般的に、**thirteen** は【サー**ティーン**】と後ろにアクセントが来て、**thirty** は【**サー**ティ】と前にアクセントが来るので、しっかりと区別して聞き分けましょう。

POINT 37　13〜19 と 30〜90 を聞き分ける方法　音声

① thirteen 【サーティーン】 ⇔ thirty【サーティ】

② fourteen 【フォーティーン】 ⇔ forty【フォーティ】

③ fifteen 【フィフティーン】 ⇔ fifty【フィフティ】

④ sixteen 【シックスティーン】 ⇔ sixty【シックスティ】

⑤ seventeen【セヴンティーン】 ⇔ seventy【セヴンティ】

⑥ eighteen 【エイティーン】 ⇔ eighty【エイティ】

⑦ nineteen 【ナインティーン】 ⇔ ninety【ナインティ】

13〜19 と 30〜90 の聞き分けは、よく問題になるので注意して聞き分けましょう。13〜19 は、**語尾の teen にアクセント**が来ます。一方で、30〜90 は**前にアクセント**が来ます。特に、**seventy** や **ninety** は、**サイレント t** のルールから、**【セヴンニィ】**、**【ナインニィ】**と読まれることがあるのを知っていれば、聞き分けやすくなります。

続いて、女性の発言の **make it** に着目します。ここでは**「都合がつく」**の意味で使われています。重要表現なので、まとめていきます。

POINT 38　make it の核は「困難な状況を乗り越える」　表現

① **成功する**（＝succeed）

② **間に合う**（＝be in time）

③ **都合がつく**（＝be available）

make it の意味は、主に3つあります。①**「成功する」**で **succeed** と同じ意味です。続いて、②**「間に合う」**で **be in time** と同じ意味です。③は**「都合がつく」**で **be available** と同じ意味です。it は状況の it で、その中でも**「困難な状況」**を意味します。よって、①は**難しい状況でも成功する**、②は**ギリギリ間に合う**、③は**忙しいけど都合がつく**といったニュアンスがあります。

読み上げられた英文の訳

男：クリスマスパーティには、何人招待する予定なの？

女：ええと、13 人が絶対に行くと言っていて、他に 4 人がまだわからないと言っている。それから、ジルが自分とボブは残念だけど、都合がつかないと電話で言っていた。

男：とても残念だけど、最低でも 13 人かそれより多くが来るだろう。

質問：

クリスマスパーティには、最大で何人が来る可能性があるか？

重要語彙リスト		
☐ guest	名	招待客
☐ definitely	副	確実に
☐ make it	熟	都合がつく
☐ at least	熟	少なくとも

第4章

問6

正解　④

◆ 先読み

① He **practices once a day**.

② He **takes classes** when he can.

③ He did **not play** that much.

④ He has **not played** much **recently**.

読み上げられた英文

W：I heard that you play the violin. I had no idea.

M：Well, I **used to play** often, but these days I **don't have** much **time**.

Question：

What does **the man say** about **playing the violin**?

「あなたがバイオリンを弾くと聞いた」と言って、その返答で「以前はよく弾いたが、最近は時間がない」と言っているので、④**He has not played much recently.「彼は最近そんなに演奏していない」**が正解です。ポイントは、**used to play に反応できるかどうか**になります。**used to** は「**昔はやっていたけど、現在はやっていない**」というニュアンスがあり、現在はバイオリンを弾いていないとわかるので、正解を容易に選ぶことができます。

時の対比を表す表現を紹介します。

POINT 39　　時の対比を表す表現　　表現

① 「昔はやっていた（今はやっていない）」
　⇒ **used to *do*** 「以前は〜した」／ **in the past** 「その昔は」
② 「今日では（昔と違って）」
　⇒ **nowadays** 「今日では」／ **now** 「現在」／ **currently** 「現在」

　① **used to *do*** 「以前は〜した」は、「**現在はやっていない**」というニュアンスがあります。その他に、**in the past** 「**その昔は**」も、あえて使うときは、「**現在は違う**」という**時の対比**を表すことが多くなります。

　次に、**nowadays** 「**今日では**」も、「**昔とは違う**」という、時の対比のニュアンスがあります。その他に、now や currently または today などがあえて使われるときも、**時の対比**を表すことがあるので注意しましょう。

選択肢の訳

① 彼は1日1回練習する。
② 彼は受講できるときに授業を受ける。
③ 彼は大して演奏しなかった。
④ 彼は、最近そんなに演奏をしていない。

読み上げられた英文の訳

女：あなたはバイオリンを弾くと聞いたよ。全然知らなかった。
男：ええと、昔はよく弾いていたんだけど、最近はあまりやる時間がないんだ。
質問：
男性はバイオリンを弾くことに関して何と言っているか？

重要語彙リスト

□ have no idea	熟	わからない
□ used to *do*	熟	以前は〜した
□ these days	熟	最近

問7

正解　　③

◆先読み

① Go **travelling** in **Hokkaido**.
② **Help** her **parents move** to the **city**.
③ **Help** her **parents start a restaurant**.
④ **Work** on her **parent's farm**.

　選択肢②、③の先読みから、**親が何かをするのを手伝う**ような文脈と推論できます。では、読み上げられた英文を見ていきます。

読み上げられた英文

M : What are your plans for summer vacation?

W : I'm going back to Hokkaido to **help my parents start a new restaurant**.

M : That sounds like a lot of work.

W : Maybe so, but it's kind of exciting, too. I grew up on my parent's farm, but last year they moved to the city, and now they want to try cooking vegetables instead of growing them.

Question：

What will **the woman do** during the summer vacation?

　女性の最初の発言 I'm going back to Hokkaido to **help my parents start a new restaurant**.「北海道に戻って、**両親が新しいレストランをオープンする手伝いをするつもりだ**」から、③が正解とわかります。

　発音上注意が必要な箇所が数点あるので、紹介していきます。まずは、男性の2番目の発言の That sounds like a lot of work. の **a lot of** です。【ア　ラットゥ　アヴ】と3拍で読まずに、【アララ】のように読みます。最初の a は極めて短く発声して、lot of はつなげて読みます。lot の t が**フラップ t** により、[r] の音になり、of が強形の【アヴ】ではなくて、弱形の【ア】と短く読まれます。

　of を弱形で読む表現をまとめます。

POINT 40　　of の弱形に注意すべき表現　　

① **a lot of**「たくさんの」【アララ】

I do **a lot of** business with publishing companies.

「私は出版社と多くの取引がある」

② **a kind of**「一種の」【アカインダ／アカインナ】

He is **a kind of** writer.

「彼は一種の作家のような人だ」

③ **a couple of**「2、3の」【アカプラ】

I have **a couple of** hours before the meeting.

「その会議の前に2、3時間ある」

---

　①は本問で紹介したように、**a lot of**【アララ】のように読みます。②は、POINT 6 でも紹介したように、**a kind of**【アカインダ／アカインナ】です。これも、of の強形ではなくて弱形が使われていることに注意しましょう。③も **a couple of** で【ア　カップル　オヴ】と3拍で読むのではなくて、【アカプラ】と読みます。couple of がつながって、of が弱形になり【カプラ】となることに注意しましょう。

選択肢の訳

① 北海道に旅行に行く。

② 親が都会に移るのを手伝う。

③ 親がレストランを開くのを手伝う。

④ 親の農場で働く。

読み上げられた英文の訳

男：夏休みの予定はどう？

女：北海道に戻って、両親が新しいレストランをオープンする手伝いをするつもりだよ。

男：仕事が多くて大変そうだね。

女：たぶん大変なんだけど、ちょっと楽しみでもあるんだ。私は両親の農場で育ったけど、去年両親が都市部に引っ越して、2人は野菜を栽培するのではなくて、調理してみたいと思っているんだ。

質問：

夏休みに、女性は何をする予定か？

重要語彙リスト

☐ sound like	熟	〜のように思える
☐ grow up	熟	育つ
☐ instead of	熟	〜せずに

問8

正解 ②

◆先読み

① She should **apologize** to her **friend**.
② She should **contact** the **teacher**.
③ She should **mail** in her **classwork**.
④ She should **use plain paper** for class.

先読みでは、She should がすべてに共通しているので無視します。apologize, friend ／ contact, teacher ／ mail, classwork ／ use plain paper をチェックすると、**学校での何らかのやり取り**なのかと推測できます。読み上げられた英文を見ていきましょう。

読み上げられた英文

W：I **missed class** for two weeks in a row. The professor is going to be upset.

M：Why don't you **email the professor** and **explain what happened**?

Question：

What does **the man suggest**?

miss や be absent のような「欠席して」という情報は、メモ取りの際には×で表記しましょう。あとは、2週間という数字も2wとメモを取り、email ／ professor ／ explain で②が正解とわかります。**email が contact に、professor が teacher にパラフレーズされている**のに注意しましょう。

本問で解答の根拠にもなっている「連絡する」のパラフレーズを紹介します。

POINT 41　「連絡する」のパラフレーズ 表現

call, email ／ get in touch with ／ contact

「電話での連絡」なら **call** で、**「メールでの連絡」**なら **email** を使います。よくパラフレーズされるのが、**get in touch with** と **contact** になります。右に行くにしたがって、かたい表現になります。

選択肢の訳

① 彼女は友人に謝るべきだ。
② 彼女は先生に連絡を取るべきだ。
③ 彼女は宿題を郵送すべきだ。
④ 彼女は授業に普通紙を使うべきだ。

読み上げられた英文の訳

女：2週間連続で授業を欠席しちゃった。教授は怒っているだろうな。
男：教授にメールして何が起きたか説明したら？
質問：
男性は何を提案しているか？

重要語彙リスト

☐ miss	動	欠席する
☐ in a row	熟	連続して
☐ professor	名	教授
☐ be upset	熟	腹を立てる
☐ Why don't you ～?	熟	～してみたら？
☐ email	動	メールする
☐ explain	動	説明する

問9

正解　③

◆先読み

① He feels he **doesn't want to go**.

② He **doesn't** feel **confident** about **doing well**.

③ He feels well **prepared** for the **interview**.

④ He thinks the **woman** is better **suited** for the **job**.

He thinks や He feels はほぼ同じ意味なので無視します。③や④の先読みで、**仕事の面接や仕事に適しているかどうか**という文脈だとわかります。では、読み上げられた英文を見ていきましょう。

読み上げられた英文

W : Where are you going? You look very **nice** in that business **suit**.

M : I've got a job **interview** this afternoon.

W : Oh! Are you **ready** for the interview?

M : I'm **good** to go. I spent all evening yesterday reading up on the company.

Question：

How does **the man feel** about his upcoming **interview**?

　女性が「スーツが似合っている」と発言して、男性は「面接がある」と言っています。interview と聞くと、日本人は記者会見のようなものをイメージしがちですが、英語では**「仕事の面接」**を意味することがほとんどです。女性の2番目の発言で、Are you ready for the interview? と聞いて、男性が good と答えているので、**③が正解**です。**good や well はメモ取りの際には、〇で表記**しましょう。読み上げられた英文の **ready** が、選択肢で **prepared にパラフレーズされている**のに気づきましょう。

選択肢の訳

① 彼は行きたくないと思っている。
② 彼はうまくやれる自信がない。
③ 彼は面接にしっかりと準備ができたと思っている。
④ 彼はその女性がその仕事により適していると思っている。

読み上げられた英文の訳

女：これからどこに行くの？　スーツがとてもよく似合っているよ。
男：午後に仕事の面接があるんだ。
女：そうなんだ、面接の準備はしているの？
男：うまく行くと思う。昨日の夜全部費やして、その会社に関する資料を読んだから。
質問：
男性はこれからある面接をどう思っているか？

重要語彙リスト

□ interview	名	面接
□ be ready for	熟	～の準備をしている
□ (be) good to go	熟	順調（である）
□ spend O *doing*	熟	O を～するのに費やす
□ read up	熟	（本を読んで）研究する
□ upcoming	形	やがてやって来る

問 10

正解 ②

◆先読み

① He's been doing **great** since **graduation**.
② He's been having a **difficult** time **finding work**.
③ He's been **unemployed** since **graduation**.
④ He **graduated again last week**.

先読みの段階で、**卒業後にうまく行っているのか、求職中か失業中か**、といった**仕事に関する話**とわかるので、仕事の話題に集中して聞き取ります。読み上げられた英文を見ていきましょう。

読み上げられた英文

M : Hello! It's you! I haven't seen you since our graduation. When was that, three years ago?

W : Hello, how have you been?

M : Not so good. I **lost my job** last year and I'm still **job hunting**.

W : Oh, I'm sorry to hear that. I'm sure another job will come along.

Question：

How has **the man** been doing **since graduation**?

　男性の2番目の発言から、**job hunting「求職中」**だとわかるので、②**が正解**です。同じ発言で、lost my job last year とあるので、③は不適とわかります。表現をチェックしていくと、男性の最初の It's you! は直訳すると「あなただったんだ」です。久しぶりに出会った驚きを表す表現です。女性の **how have you been?「最近どうしてた？」**は、POINT 12 で学んだように、how と have が短縮されて**【ハウヴュビン】**のように読まれることがあるのに注意します。

　就職に関する表現をまとめます。

POINT 42　　就職に関連する表現　　

① **apply for**「〜に応募する」／ **application form**「申込用紙」

② **job-hunt**「求職する」／ **job-hunting**「就職活動」

③ **job interview**「就職面接」

④ **employ**「雇用する」／ **get** *one's* **job**「仕事を見つける」

⑤ **be fired**「解雇される」／ **lose** *one's* **job**「失業する」

選択肢の訳

① 彼は卒業以降ずっと調子が良い。

② 彼は仕事を見つけるのに苦労している。

③ 彼は卒業以降仕事をしていない。

④ 彼は先週もう一度卒業した。

読み上げられた英文の訳

男：おう、久しぶり。卒業以来だね。いつ以来だっけ、3年前か。

女：こんにちは、どうしてた？

男：あんまりよくないなあ。昨年仕事を失って、まだ求職中だよ。

女：そうなんだ、大変ね。きっと新しい仕事を見つけられると思うよ。

質問：

男性は卒業以降どうしていたか？

重要語彙リスト		
☐ It's you!	熟	あなただったんだ。
☐ graduation	名	卒業
☐ How have you been?	熟	最近どう？
☐ job hunt	熟	仕事探しをする
☐ I'm sorry to hear that.	熟	お気の毒に。
☐ come along	熟	現れる

第 5 章

長い会話問題の対策

1

正解　　問1　③　　問2　③

◆ 先読み

状況
　Jane が Sho とフランス留学について話をしています。

問1　**What is Jane's main point?**
① A native **French-speaking host family** offers the **best experience**.
② Having a **non-native dormitory roommate** is more **educational**.
③ **Living with a native** speaker **shouldn't be a priority**.
④ The **dormitory** offers the **best language experience**.

問2　**What choice does Sho need to make?**
① Whether to choose a **language program or a culture program**
② Whether to choose the **study abroad program** or not
③ Whether to stay with a **host family or at the dormitory**
④ Whether to stay with a **native French-speaking family** or not

　先読みでは、**問題からしっかり見ます**。問1はジェーンの言いたいこと、問2はショウが何を選択するか、この2点を集中して聞き取るべきだとわかります。次に余力があれば、選択肢を見ます。選択肢を見ると、**問1は、フランス語を話すホストファミリーや寮が良い場所かどうか**といった内容が話されると予測できます。**問2は、留学に関する詳細**で、問1と共通して**ホストファミリー、寮、フランス語ネイティブスピーカーの家族**というキーワードに集中して聞き取ります。

Jane : Are you all right, Sho? What's wrong?

Sho : Hey, Jane. It turns out ❶**a native French-speaking host family was not available ... for my study abroad program in France**.

Jane : So ❷**you chose a host family instead of the dormitory**, huh?

Sho : ❸**Not yet**. I was hoping for a native French-speaking family.

Jane : Why?

Sho : Well, I wanted to experience real spoken French.

Jane : Sho, there are many varieties of French.

Sho : I guess. But ❹**with a native French-speaking host family, I thought I could experience real language and real French culture**.

Jane : What's "real," anyway? ❺**France is diverse. Staying with a multilingual family could give you a genuine feel of what France actually is**.

Sho : Hmm. You're right. But I still have the option of having **a native** speaker as **a roommate**.

Jane : In the dormitory? That might work. But I heard one student got ❻**a roommate who was a native French speaker, and they never talked**.

Sho : Oh, no.

Jane : Yes, and another student got ❼**a non-native French-speaking roommate who was really friendly**.

Sho : Maybe it **doesn't matter** if my roommate is **a native speaker or not**.

Jane : The same applies to a host family.

問1

　ジェーンの発言の❺**France is diverse. Staying with a multilingual family could give you a genuine feel of what France actually is.**「フランスは多様で、複数言語を話す家族と暮らすことで、本当のフランスを実感できる」や、But I heard one student got ❻**a roommate who was a native French speaker, and they never talked.**「けど、ある学生が**フランス語のネイティブスピーカーとルームメイトだったけど、一度も話さなかったと私は聞いたことがある**」から、ジェーンは**ホストファミリーでも寮のルームメイトでもネイティブである必要はない**と主張しているとわかるので、③**Living with a native speaker shouldn't be a priority.** が正解。

　①は、❹からショウの意見とわかるので不適。②は❻、❼で「フランス語ネイティブスピーカーと一緒に住んでも話さない場合もあれば、ネイティブスピーカーではない人と住んでも仲良くなることもある」と言っているだけで、ネイティブではないルームメイトと暮らす方が勉強になるとは言っていないので不適。④のような内容は述べられていない。

　❻のように、リスニングにおいても、**But** のあとは、重要な情報が来るので紹介します。

POINT 43　　後ろに重要情報が来る単語　　

リスニングでも but ／ however ／ unfortunately のあとは要注意 !!

　but ／ however ／ unfortunately が聞こえてきたらアンテナを立てて、後ろの情報に集中するようにしましょう。

問2

❶**a native French-speaking host family was not available ... for my study abroad program in France.**「フランス留学プログラムでフランス語ネイティブのホストファミリーが都合がつかない」から、ショウは留学を考えているとわかります。

available がとても重要な単語なので、整理します。

POINT 44　available の核は「利用できる」　

available は avail「利用する」＋-able「～できる」から、**「利用できる」が核になります。通常のものを対象とするなら「利用できる」**で、**人に対して使うなら「都合がつく」**で、**座席やホテルの部屋に使われるなら「空いている」**と応用しましょう。

さらに、❷**you chose a host family instead of the dormitory...?**「あなたは、寮の代わりにホストファミリーを選んだの？」に対して、ショウが❸**Not yet.**「まだ選んでいない」と言っていることから、**ショウは寮で暮らすかホストファミリーと暮らすかを選ばなければならない**とわかるので、③**Whether to stay with a host family or at the dormitory** が正解。

④は、❸の直後で、ショウが「フランス語ネイティブの家族と暮らすことを望んでいた」と言っているが、これはあくまで希望で、暮らすか暮らさないかを選ぶという話ではないので不適。

設問と選択肢の訳

問1　ジェーンの要点は何か？

① フランス語を話す現地のホストファミリーが最高の経験を提供してくれる。

② フランス語ネイティブではない寮のルームメイトを持つことは、より教育に良い。

③ ネイティブスピーカーと暮らすことは、優先事項であるべきではない。

④ 寮では、最高の語学学習の経験をすることができる。

問2　ショウはどんな選択をする必要があるか？

① 言語学習プログラムか文化学習プログラムか

② 留学プログラムを選ぶかどうか

③ ホストファミリーと暮らすか寮で暮らすか

④ フランス語ネイティブの家族と暮らすかどうか

読み上げられた英文の訳

ジェーン：大丈夫？　ショウ。どうしたの？

ショウ：やあ、ジェーン。❶フランス留学プログラムでフランス語ネイティブのホストファミリーが都合がつかないとわかったんだ。

ジェーン：❷あなたは、寮の代わりにホストファミリーを選んだんだよね？

ショウ：❸まだ選んでいない。フランス語ネイティブの家族を希望していたんだ。

ジェーン：なぜなの？

ショウ：ええと、実際に話されているフランス語を経験したかったんだ。

ジェーン：ショウ、たくさんの種類のフランス語があるのよ。

ショウ：そうだと思う。けど、❹フランス語ネイティブのホストファミリーといれば、本当のフランス語やフランスの文化を味わえると思ったんだ。

ジェーン：それはそうと「本当の」ってどういう意味？　❺フランスは多様なところだよ。複数言語を話す家族といることで、フランスが実際にどんなところなのかという本物の感じがつかめると思うんだ。

ショウ：うん、そうだね。けど僕には、ルームメイトがネイティブスピーカーだという選択肢がまだある。

ジェーン：寮で？　それはうまくいくかもしれない。けど、ある学生が❻フランス語のネイティブスピーカーとルームメイトだったけど、一度も話さなかったと、私は聞いたことがあるわ。

ショウ：そうなんだ。

ジェーン：ええ、さらに別の学生の^❼ルームメイトは、フランス語のネイティブではな
かったけど、本当に親切だった。

ショウ：僕のルームメイトがネイティブかどうかは重要じゃないかもしれないね。

ジェーン：同じことがホストファミリーにも当てはまるよ。

重要語彙リスト

☐ What's wrong?	熟	どうしたの？
☐ It turns out (that) ～.	熟	～とわかる
☐ instead of	熟	～の代わりに
☐ dormitory	名	寮
☐ anyway	副	それはそうと
☐ diverse	形	多様な
☐ multilingual	形	複数言語の
☐ genuine	形	本物の
☐ option	名	選択肢
☐ work	動	うまくいく
☐ friendly	形	親切な
☐ matter	動	重要だ
☐ apply to	熟	～に当てはまる

第5章

2

正解　問1　③　　問2　④

◆先読み

状況
Carol が Bob と手紙を書くことについて話をしています。

問1　What is Carol's main point?
① Emails are cold and not very personal.
② Handwriting is hard to read.
③ Letter writing with a pen is troublesome.
④ Letters show your personality.

問2　Which of the following statements would Bob agree with?
① Letter writing is too time-consuming.
② Typing letters improves your personality.
③ Typing letters is as good as handwriting them.
④ Writing a letter by hand is a heartfelt act.

　先読みをすると、**問1はキャロルの言いたいこと、問2はボブの意見が問われている
こと**がわかります。問1の選択肢を見ると、**eメールと手書きの良し悪し**が書かれてい
るので、**キャロルのeメールと手書きに対する意見**を集中して聞き取ります。続いて問
2も、**ボブが手書きとeメールのどちらを良いと思うかとその理由**を集中して聞き取り
ます。

Carol : What are you doing, Bob?

Bob : I'm **writing** a **letter** to my **grandmother**.

Carol : Nice paper! But isn't it **easier** just to **write** her an **email**?

Bob : Well, perhaps. But I **❶like shopping for stationery, putting pen to paper, addressing the envelope, and going to the post office**. It gives me time to think about my grandma.

Carol : Uh-huh. But that's so **❷much trouble**.

Bob : Not really. Don't you think your **❸personality shines through in a handwritten letter**? And it **❹makes people happy**. Plus, it has cognitive **benefits**.

Carol : What cognitive benefits?

Bob : You know, **handwriting** is **good** for **thinking processes**, like **memorizing** and **decision making**.

Carol : Really? I'm **❺a more fluent writer when I do it on a computer**.

Bob : Maybe you are, but you might also **sacrifice something** with that efficiency.

Carol : Like what?

Bob : Well, **mindfulness**, for one.

Carol : Mindfulness?

Bob : Like **❻taking time to do things with careful consideration**. That's being lost these days. We should **slow down** and **lead** a more **mindful life**.

第5章

Carol : Speaking of mindful, I wouldn't mind some chocolate-chip ice cream.

問1

ボブの第2発言の**❶like shopping for stationery, putting pen to paper, addressing the envelope, and going to the post office.**「文房具を買って、ペンで紙に書いて、封筒に住所を書いて、郵便局に行くのが好き」は、**ボブが、手書きの手紙を好きなことの具体的な説明**だとわかります。and が like の目的語の **shopping 〜, putting 〜, addressing 〜, going 〜** の4つの情報を接続していることから具体例と判断します。これは、**手紙を相手に届ける一連の行動の具体的説明**になっています。それを受けて、キャロルの第3発言に But that's so **❷ much trouble.**「けど、それは**とても面倒**だ」とあるので、③**Letter writing with a pen is troublesome.**「**ペンで手紙を書くことは厄介だ」が正解**。

キャロルは**❺ a more fluent writer when I do it on a computer.**「コンピューターでやった方がスムーズに書ける」と言っており、eメールに対して肯定的にとらえているので、①Emails are cold and not very personal. は不適。②は本文に記述なし。④は、ボブの第3発言**❸**の「手書きの手紙で個性が出る」が関連箇所だが、これはキャロルの考えではないことから不適。

問2

問1と同様に、ボブの第2発言**❶**より**手紙を書くことが好き**なことがわかるので、①、③は不適。ボブは、第3発言で Don't you think your **❸ personality shines through in a handwritten letter?** And it **❹ makes people happy.**「**手書きの手紙で個性が出る**と思わない？ それは**人を幸せにする**」、最後の発言で**❺ taking time to do things with careful consideration.**「しっかり慎重に考えて物事を行う時間をとること」と説いているので、④**Writing a letter by hand is a heartfelt act.**「**手書きで手紙を書くことは、心のこもった行為だ」が正解**。

②は**❸**「手書きの手紙で個性が現れる」とあるが、「手紙をタイプすることで性格が改善される」とは言っていないので不適。

設問と選択肢の訳

問1　キャロルの要点は何か？
① eメールは冷たくてあまり個人的ではない。
② 手書きは読みづらい。
③ ペンで手紙を書くことは厄介だ。
④ 手紙は性格を表す。

問2　ボブは次の説明のうちどれに同意するか？
① 手紙を書くことはあまりに時間を使いすぎる。
② 手紙をタイプすることで、性格が改善される。
③ 手紙をタイプすることは手書きと同じくらい良いものだ。
④ 手書きで手紙を書くことは、心のこもった行為だ。

読み上げられた英文の訳

キャロル：何してるの？　ボブ。
　　ボブ：おばあちゃんに手紙を書いているところだよ。
キャロル：素敵な便せんね！　けど、eメールを打つだけの方が楽じゃない？
　　ボブ：ええ、そうかもね。けど、❶文房具を買って、ペンで紙に書いて、封筒に住所を書いて、郵便局に行くのが好きなんだ。それによって、おばあちゃんのことを考える時間ができる。
キャロル：うーん、けどそれは❷大変だなあ。
　　ボブ：そうでもないよ。自分の❸性格が、手書きの手紙ではっきり伝わると思わないの？　それに、手書きの手紙で、❹人は幸せになるでしょ。さらに、認知的メリットがある。
キャロル：認知的なメリットって何？
　　ボブ：ええと、手書きは暗記や意思決定などの思考回路に役立つ。
キャロル：本当？　私は❺コンピューターでやった方がスムーズに書けるよ。
　　ボブ：君はそうかもしれないけど、その効率性をとることで、何かを犠牲にしているかもよ。
キャロル：例えば？
　　ボブ：ええと、1つにはマインドフルネスだよね。
キャロル：マインドフルネス？
　　ボブ：例えば、❻しっかりと慎重に考えて物事をやる時間をとることだよ。最近失われつつあるでしょ。僕たちはペースを落として、もっと心配りのある暮

らしを送るべきだ。

キャロル：心配りといえば、私はチョコレートチップアイスが欲しいんですが。

重要語彙リスト		
☐ grandmother（grandma）	名	祖母（おばあちゃん）
☐ stationery	名	文房具
☐ address	動	〜に宛先を書く
☐ envelope	名	封筒
☐ post office	名	郵便局
☐ personality	名	性格
☐ shine through	熟	（性質などが）にじみ出る
☐ cognitive	形	認知の
☐ benefit	名	メリット、利点
☐ thinking process	名	思考回路
☐ memorize	動	暗記する
☐ decision making	名	意思決定
☐ fluent	形	流暢な
☐ sacrifice	動	犠牲にする
☐ efficiency	名	効率
☐ Like what?	熟	例えば？
☐ mindfulness	名	マインドフルネス、心配り
☐ consideration	名	しっかり考えること、配慮
☐ lead a 〜 life	熟	〜な生活を送る
☐ speaking of	熟	〜といえば
☐ I wouldn't mind O.	熟	O が欲しいのですが。

3

正解　　問1 ③　　問2 ①　　問3 ②

◆先読み

問1　**Where** is this conversation taking place?

　① At **a car rental office**.　② At a **hospital**.

　③ At a **hotel**.　④ At a **restaurant**.

問2　What is the **good news** that the man tells the woman?

　① A **room** is **available**.

　② Her **car** has been **fixed**.

　③ It's a **long weekend**.

　④ The hotel **isn't** very **busy**.

問3　What is the **bad news** that the man tells the woman?

　① He **can't find** the woman's **reservation**.

　② The **cost** is **higher** than usual.

　③ There are **no cars available**.

　④ There are **no rooms available**.

　先読みでは、第一に**問題をしっかり見ます**。次に選択肢を見ますが、あくまで問題を重視して、**問1** ならば **Where** をチェックすれば基本は問題ありません。音声を聞いて、場所に関する情報が流れてきたら解答を確定します。続いて**問2** は、問題の **good news** をチェックします。**問3** は **bad news** をチェックしましょう。読み上げられた英文を見ていきます。

| 読み上げられた英文 |

M : Good evening ma'am. How can I help you?

W : Hi. We **❶ don't have a reservation**, but I was wondering if you still have **❷ any rooms available**. Preferably something with two queen size **❸ beds** for my husband, my daughter and myself.

M : Well, I can check, but I really doubt it. This is a long weekend, and as a result it's one of our busiest times of the year. Let's see … How about that! You're in **❹ luck, because we just had a late cancellation**. The **❺ bad news**, though, is that because it's a long weekend, **❻ the rate is almost double the usual amount**.

W : Hmm, well, I guess we'll take it then. We've been to four other places already, and they're all booked up. Besides, I'm tired of driving around.

問 1

女性の最初の発言の❶ reservation「予約」、❷ rooms available「空いている部屋」、❸ beds「ベッド」から**ホテル**だとわかるので、③**が正解**になります。

問 2

続いて、男性の 2 番目の発言、❹ **luck, because we just had a late cancellation**「ついている、なぜならぎりぎりでキャンセルが出たから」より、①**が正解**とわかります。③は、男性の同じ発言の冒頭で This is a long weekend「今週は長い週末休みだ」とあるが、そのせいで 1 年でも最も忙しいとあるだけで、良い知らせではないので不適。④は、男性の同じ発言の one of our busiest times of the year「1 年で最も忙しい時期の 1 つ」に反するので不適。

問3

　同様に男性の2番目の発言で、**❺ bad news** と流れてきたところで、アンテナを立てて、**❻ the rate is almost double the usual amount**「料金が通常のほぼ2倍だ」から、②**が正解**。

　女性の最初の発言の I was wondering if you 〜.「〜していただけないでしょうか」は、頻出の丁寧な依頼表現になるので、紹介します。

POINT45　　　　I was wondering if you 〜. の表現　　表現

① **I wonder if** you could help me.「手を貸していただきたいのですが」

② **I am wondering if** you could help me.

③ **I was wondering if** you could help me.

---

　wonder「疑問に思う」＋if「〜かどうか」で、「あなたが〜してくれるかどうか疑問に思いますが、よかったらやっていただけませんか」という**丁寧な依頼表現**です。下に行くにしたがって丁寧な表現になります。②は**現在進行形**にすることで、ずっとお願いするわけではなくて**今だけの一時的なお願い**として、**現在形より丁寧**になります。③は、**過去進行形**にすることで、**相手と距離感**を出して**さらに丁寧な表現**になります。

設問と選択肢の訳

問1　この会話はどこで行われているか？
　① レンタカーショップで。　　② 病院で。
　③ ホテルで。　　④ レストランで。

問2　男性が女性に伝えた良い知らせとは何か？
　① 部屋が空いている。　　② 車の修理が終わった。
　③ 長い週末休みだ。　　④ ホテルがそれほど混んでいない。

問3　男性が女性に伝えた悪い知らせとは何か？
　① 彼が女性の予約を見つけられない。　　② 料金が通常より高い。
　③ 利用できる車がない。　　④ 利用できる部屋がない。

読み上げられた英文の訳

男：こんばんは、何かご用ですか？

女：こんばんは。❶予約してないんだけど、まだ❷空いている部屋はありますか。夫、娘、私用に2つのクイーンサイズの❸ベッドがいいんだけど。

男：ええ、調べてみますが、ちょっとわかりません。この週末は長い休みなので、結果として、1年で最も忙しい時期の1つなんです。ええと…これは驚いた！ ❹ラッキーなことに、ぎりぎりでキャンセルがありました。ただ、❺申し訳ないことに今週末は長い休みなので、❻料金が通常のおよそ2倍になります。

女：うーんと、それにしようかなと思います。すでに他に4つの場所に行ったんだけれど、すべて予約で一杯だったの。それに、車でいろいろ回るのはうんざりだしね。

重要語彙リスト

☐ ma'am	名	奥様（madam よりくだけた言葉）	
☐ How can I help you?	熟	いらっしゃいませ。	
☐ reservation	名	予約	
☐ I was wondering if you 〜.	熟	〜していただきたいのですが。	
☐ available	形	利用できる	
☐ preferably	副	もしできれば	
☐ husband	名	夫	
☐ I doubt it.	熟	さあ、どうかな。	
☐ as a result	熟	結果として	
☐ How about that!	熟	まあ、すごい！	
☐ cancellation	名	取消し	
☐ rate	名	料金	
☐ usual	形	通常の	
☐ amount	名	金額	
☐ be booked up	熟	予約で一杯だ	
☐ besides	副	それに加えて	
☐ be tired of	熟	〜にうんざりしている	

4

正解　　問1　①　　問2　③　　問3　②

◆先読み

問1　Who are the speakers?
① College students.
② Company coworkers.
③ House owners.
④ Real estate agents.

問2　How many bedrooms are there?
① One.　　　　　　② Two.
③ Three.　　　　　④ Four.

問3　What is true about the speakers?
① They do **not like** the **landlady's daughter**.
② They have been **looking for a good house** for some time.
③ They think the **monthly rent** is surprisingly **low**.
④ They want to **buy a house** to **live in together**.

　問1は、**話者が誰か**に集中して英語を聞きます。問2は、選択肢はチェックしなくていいので、**寝室の数**を集中して聞き取ります。問3は、①～④のそれぞれに該当する箇所を注意深く聞いていきましょう。では、読み上げられた英文を見ていきます。

読み上げられた英文

M 1 : Hi Jason. So what's the **house** like? I hope it's as good as the ad made out.

M 2 : It's **nice**. I think ❶**I've finally found something we'll all like at last**.

M 1 : Brilliant! So what's it like?

M 2 : Well, it's ❷**within walking distance of the college**, it's in a residential area, there aren't many students living there, but it's easy to get onto ❸**campus**, and the city center is only a bus ride away.

M 1 : OK, that's a good start. But what's it like inside? To be honest, when I saw the ad, I didn't think it would be big enough for the three of us. ❹**The rent's not exactly cheap for the area**, either. What do you think? Is it worth it?

M 2 : Well, it's got ❺**three bedrooms** and a nice living room, so we'll all ❻**have our own space to study, do homework**, and hang out together. It's clean and there's no need to decorate.

M 1 : OK. That sounds promising.

M 2 : And the ❼**landlady** was really **nice**. She's not one of those people with a lot of properties. In fact, this is the **only one** she has, so she really looks after it. ❽**Her daughter was a student and stayed there** last year, apparently.

M 1 : Sounds perfect. Let's call Tom and go out and see it tomorrow.

問1

M2の2番目の発言の、❷ within walking distance of the college「大学から歩いていける距離」、❸ campus「キャンパス」などから、**大学生**と類推できる。かつ、M2の3番目の発言、❺ have our own space to study, do homework「勉強や、宿題をする自分のスペースがある」から、①**が正解。**

問2

続いて、M2の3番目の発言の❺ three bedrooms から、③**が正解。**

問3

M2の最後の発言❽には、**Her daughter was a student and stayed there** とあるだけで、好きではないという発言はないので、①は不適。M1の3番目の発言❹で **The rent's not exactly cheap for the area**「家賃はその地域にしては決して安くはない」から、③も不適。④のような「買いたい」という発言はないので、これも不適。M2の最後の発言の❼ landlady「大家」とは、家を貸してくれる人であり、M1の最初の発言 what's the house like?「その家はどう？」を受けてのM2の最初の発言❶ I've finally found something we'll all like at last.「とうとう僕たち皆が気に入るものを見つけた」からも、**家を探していた**とわかるので、②**が正解。**

M1の最初の発言や2番目の発言など、この会話には前置詞の like がよく登場したので、**前置詞 like を使った表現**を紹介します。

POINT 46 　　前置詞の like を使った表現

① What was the weather **like**?「天気はどうだった？」
② What is it **like** to speak in public?
　「人前で話すのはどういう感じ？」

前置詞の like を使って、**What is S like?** とすると、「**S はどのようなものか？**」と何かの様子を尋ねる疑問文が完成します。例えば①のように、What was the weather like? とすると、「天気はどうだった？」と使うことができます。続いて②も前置詞の

like を使った表現です。元々は形式主語の it を用いて、It is like 〜 to speak in public.「人前で話すことは〜のようだ」の〜が what に変わって、What is it like to speak in public? となります。

設問と選択肢の訳

問1　話している人は誰か？

① 大学生。　　　　　　　　　　② 会社の同僚。

③ 家の所有者。　　　　　　　　④ 不動産業者。

問2　寝室はいくつあるか？

① 1つ。　　　② 2つ。　　　③ 3つ。　　　④ 4つ。

問3　会話している人たちに何が当てはまるか？

① 彼らは大家の女性の娘が好きではない。

② 彼らはしばらく良い家を探しているところだ。

③ 彼らは毎月の家賃が驚くほど安いと考えている。

④ 彼らは共同生活のための家を買うことを望んでいる。

読み上げられた英文の訳

男1：やあ、ジェイソン。その家はどう？　広告で見たのと同じくらい素敵だといいんだけど。

男2：素敵だよ。❶とうとう全員が気に入るものを見つけたと思う。

男1：素晴らしいね。それはどんな感じなの？

男2：まずは、❷大学から徒歩圏内の住宅地で、多くの学生がそこに住んでいるわけではないけど、❸キャンパスには行きやすいし、都心にもバスだけで行けるよ。

男1：色々と条件は良さそうだけど、中はどんな感じなの？　実を言うと、広告を見たとき、僕たち3人が住むほどの広さがないと思ったんだ。❹家賃はその地域にしては決して安くはないしね。どう思う？　家賃の価値はある？

男2：うーんと、❺寝室が3つあって、素敵なリビングもあるから、❻それぞれが勉強して、宿題をして、一緒にくつろぐスペースを持てる。きれいだし、装飾を加える必要もないよ。

男1：了解、それは良さそうだね。

男2：そして、❼女性の大家さんが本当に素敵な人だったんだ。彼女はたくさんの不動

産を所有する大家さんの１人ではなくて、これしか所有してないんだ。だから、本当に自分でその管理をしている。^❾娘が学生で、昨年はそこにいたようだよ。

男１：完璧じゃないか。　トムに電話して、明日それを見に行こう。

重要語彙リスト

☐ What is S like?	熟	S はどのようなものか？
☐ ad（＝advertisement）	名	広告
☐ make out	熟	～を作成する
☐ brilliant	形	素晴らしい
☐ within walking distance of	熟	～から徒歩圏内で
☐ residential	形	居住の
☐ to be honest	熟	実を言うと
☐ rent	名	家賃
☐ worth	前	～に値する
☐ hang out	熟	くつろぐ
☐ decorate	動	装飾する
☐ promising	形	有望な
☐ landlady	名	女性大家
☐ property	名	不動産
☐ look after	熟	～の世話をする
☐ daughter	名	娘
☐ apparently	副	～らしい

第５章

5

正解　　問1　④　　問2　②　　問3　①

◆ 先読み

問1

① Less than half an hour.

② Thirty minutes.

③ Two hours.

④ Two and a half hours.

問2

① When it is **rainy**.

② When the weather is **fine**.

③ When her **bicycle needs repair**.

④ When the **view is good**.

問3

① It would **cost too much money**.

② It would **take a lot of time**.

③ He has **never thought** about it.

④ He **likes riding** his **bike** to **work**.

　本問には問題が書かれていないので、**選択肢の先読みに集中**します。問1は時間なので選択肢にさっと目を通すだけで、何かの**時間に関する英語**が流れてきたら、集中して聞き取ります。**問2**は、**rainy, fine から天気に関する話**か、自転車の修理、景色が良い話題に話が及ぶのかを予想します。**問3**は、**費用が高すぎる、時間がたくさんかかる、自転車通勤**などをチェックしましょう。読み上げられた英文を見ていきます。

読み上げられた英文

M : Hey, Sarah! It's been a while.

W : Bill! It's so good to see you. It's been six months since I saw you last. How have you been?

M : Very busy. My new job is so far from home. I have to take a train for ❶**two hours** and then a bus for ❷**another thirty minutes**. I'm exhausted when I get home. How about you?

W : Pretty good. I got a job teaching at a high school that's only twenty minutes away from my house ❸**by bicycle**. I usually ride there if the ❹**weather is good**.

M : That's great. You always wanted to be a teacher.

W : Yes. I'm pretty happy. But I'm worried about you. You look tired. How much do you sleep at night?

M : I get about five hours after dinner and my bath.

W : That's not enough. You should move closer to your job.

M : I want to, but ❺**moving is so expensive**.

W : Your health and happiness are worth it.

Questions

No. 1 **How long** does it take the **man** to **get to work**?

No. 2 **When** does the **woman** ride her **bicycle to work**?

No. 3 **Why doesn't** the **man move** somewhere closer to his job?

問1

男性の2番目の発言で、❶ **two hours**、❷ **another thirty minutes** とあり、合計2時間半と数字が出てきたので、問題が読み上げられる前に④が正解だと推測できます。次の文の I'm **exhausted** when I get home. から、**長時間の通勤で疲れている男性の姿をイメージ**に焼き付けておきましょう。実際に、本文の後で読み上げられる Question の **How long does it take the man to get to work?「男性が職場に着くのにどれくらいかかるか？」** からも、④が正解。

問2

続いて、女性の2番目の発言の❸ **by bicycle** と I usually ride there if the ❹ **weather is good.「天気が良ければ**たいてい自転車でそこに行く」から、②が正解と推測できます。**晴れた日に、女性が自転車に乗っている姿をイメージ**しておきましょう。実際に Question の **When does the woman ride her bicycle to work?「女性はどんなときに自転車で職場に行くか？」** から、②が正解。

問3

最後に、男性の最後の発言の I want to, but ❺ **moving is so expensive.「そうしたいけど、引越代がとても高い」** から、①が正解と推測できます。実際に、Question の **Why doesn't the man move somewhere closer to his job?「なぜ男性は職場の近くに引っ越さないのか？」** から、①が正解。

読み上げられた英文を最初から見ていくと、男性の最初の発言で、POINT 14 で学んだ **It's been a while.「久しぶり」** の表現が使われています。それに対する女性の発言では、POINT 12 の **How have you been?「最近どう？」** が使われています。今まで学んできた表現が色々な所に散りばめられているので、積み重ねによる効果を実感しながら本書を読み進めてください。

設問と選択肢の訳

　このセクションでは、男女の長い会話を聞きます。会話を聞いている間に、問題冊子にメモを取ってもかまいません。会話の後に３つの質問を聞きます。会話と質問は１回しか読み上げられません。会話と質問は、テキストには掲載されていません。各質問を聞いた後に、最も適切な答えを選びなさい。

問 1

① 30 分未満。　　　　　　　② 30 分。

③ ２時間。　　　　　　　　④ ２時間 30 分。

問 2

① 雨降りのとき。

② 天気が良いとき。

③ 彼女の自転車を修理する必要があるとき。

④ 景色が良いとき。

問 3

① お金がかかりすぎるだろう。

② たくさんの時間がかかるだろう。

③ 彼はそれについて考えたこともない。

④ 彼は職場まで自転車で行くことが好きだ。

読み上げられた英文の訳

男：やあ、サラ。久しぶり。

女：ビル！　会えて嬉しいよ。最後に会ったのは６ヵ月前だよね。どうしてた？

男：とても忙しかったよ。新しい職場は家からとても遠くて。❶ ２時間電車に乗って、❷ さらに 30 分バスに乗らないといけないんだ。家に着いたらクタクタだよ。君はどうしてた？

女：すごく充実してたよ。高校で教える仕事が見つかって、家から❸ 自転車でほんの20 分くらいのところなんだ。❹ 天気が良ければ、たいてい自転車でそこまで行くんだ。

男：それはよかったね。ずっと先生になりたがっていたもんね。

女：ええ。本当に嬉しいよ。けど、あなたのことが心配で。疲れているように見えるよ。夜どれくらい寝ているの？

男：晩御飯を食べてお風呂に入った後、大体 5 時間くらい寝ているよ。

女：それじゃ少ないよ。もっと職場の近くに引っ越すべきだよ。

男：そうしたいんだけど、❺引越し代がすごく高いんだよ。

女：健康と幸福を考えると、引っ越した方がいいと思うよ。

質問

問 1　男性が職場に着くのにどれくらいかかるか？

問 2　女性はどんなときに自転車で職場に行くか？

問 3　なぜ男性は職場に近いところに引っ越さないのか？

重要語彙リスト

☐ It's been a while.	熟	久しぶり。
☐ How have you been?	熟	最近どう？
☐ be exhausted	動	へとへとになる
☐ How about you?	熟	あなたはどう？
☐ pretty	副	かなり
☐ be worried about	熟	～を心配している
☐ moving	名	引っ越し
☐ expensive	形	高価な
☐ worth	前	～の価値のある

6

正解　　問1　④　　問2　②　　問3　①

◆先読み

問1　What is David's **main problem** with his **guitar lessons**?

① They are **expensive**.

② They are **not convenient**.

③ They are **not** very **strict**.

④ They are **uninteresting**.

問2　Why does Amy think David should **work with a teacher**?

① To be able to **join a band**

② To become a **skillful player**

③ To **become a teacher**

④ To **learn many songs**

問3　What will **David** most likely do **next**?

① **Continue** his **lessons** and **form a band**

② Continue his lessons but **not form a band**

③ **Quit** his **lessons** and **form a band**

④ Quit his lessons but **not form a band**

　問1の先読みで、**ギターレッスンに何らかの問題がある**とわかるので、そこを中心に聞き取ります。選択肢は、**They are** まで共通なのですべて無視して、**expensive ／ not convenient ／ not, strict ／ uninteresting** をチェックします。問2は、**Why ／ David ／ work with a teacher** をチェックして、**デービッドが先生と取り組むべき理由**を集中して聞き取ります。問3は、**David ／ next をチェック**して、選択肢は、①は

Continue, lessons ／ form a band、②は not form a band、③は Quit, lessons ／ form a band、④は not form a band をチェックします。要は**レッスンを続けるのか、バンドを結成するのかの2点**を集中して聞き取ればよいとわかります。では、読み上げられた英文を見ていきましょう。

読み上げられた英文

Mark : Hi, David .... Hi, Amy. What's up?

David : Hey, Mark. I was just telling Amy about my guitar lessons.

Mark : Oh yeah? How're they going?

David : Actually, I'm thinking about **quitting**. They **aren't cheap**, and my teacher's kind of strict. But ❶**even more than that, they're so boring**! She makes me practice **the same thing** over and over to get it right. That's all we do. Amy thinks I should continue though, right, Amy?

Amy : That's right. Your teacher knows what you need to do to make progress. **You should trust her**. If she thinks you should start with the basics, she's probably right.

David : Yeah, I know. But I'm just not enjoying myself. When I decided to play the guitar, my dream was to **have fun playing music with my friends**. I want to learn how to play some songs. I don't need to know everything, just enough so I can start enjoying myself.

Mark : I see what you mean, David. If you played in a band, it would increase your motivation to practice. It's a lot of fun playing with other people. I suppose you could quit your lessons and teach yourself how to play.

Amy : I think if you're really serious about learning to play the guitar, **you should continue taking lessons**. Your teacher will show you the right way to play. If you quit and try to learn on your own, you might develop bad habits that will be hard to change later. ❷ **It may not be fun now, but just imagine how good you'll be in a few years**.

Mark : You know what? Maybe you should stick with it. ❸ **You can always put together a band while taking lessons**.

David : ❹ **Good idea**! That way, I can practice what I learn from my teacher. Are either of you interested in starting a band?

問 1

　デービッドの 2 番目の発言の But ❶ **even more than that, they're so boring!**「けど、それにもまして、レッスンがとても退屈なんだ！」から、④ **They are uninteresting.** が正解。POINT 43 より、**But 以下に重要な情報**が来ていることに注意してください。**boring と uninteresting のパラフレーズ**に注意します。なお、than that の that は、前文の They aren't cheap, and my teacher's kind of strict.「レッスンが安くはないし、先生はちょっと厳しい」を指しますが、それ以上に退屈なのが問題なので、main problem として①は不適。

問 2

　続いて、Amy の 2 番目の発言でレッスンを続けることを提案したうえで、❷ **It may not be fun now, but just imagine how good you'll be in a few years.**「今は楽しくないかもしれないが、数年後にどれほど上手になるかを想像してごらん」から、② **To become a skillful player** が正解。

問3

マークの最後の発言の❸ You can always put together a band while taking lessons.「レッスン受けながらでも、いつでもバンドを結成できる」を受け、デービッドが❹ Good idea!「それはいいね」と賛同していることから、①Continue his lessons and form a band が正解。

問3が特徴的な問題なので、解法を紹介します。

POINT 47　Next 問題の解法 〔解法〕

　　長い会話文の問題で、最後の設問によくある形式ですが、**「〜は次に何をするか？」** という形式を **Next 問題** とします。**Next 問題** は、**十中八九会話の最後の付近にヒントとなる表現が出てくる**ので、途中の会話がわからなくても、**最後を集中して聞き取りましょう。**

設問と選択肢の訳

問1　デービッドのギターレッスンに関する主な問題は何か？

① 費用が高い。　　　　　　　② 都合が悪い。

③ あまり厳しくない。　　　　④ 面白くない。

問2　エイミーは、なぜデービッドが先生と一緒に取り組むべきだと思うか？

① バンドに参加できるようになるために

② 技術の高い奏者になるために

③ 先生になるために

④ 多くの曲を学ぶために

問3　デービッドは次に何をする可能性が高いか？

① レッスンを継続してバンドを結成する

② レッスンを継続するがバンドは結成しない

③ レッスンをやめてバンドを結成する

④ レッスンをやめるがバンドは結成しない

読み上げられた英文の訳

　　マーク：やあ、デービッド。エイミーもこんにちは。調子はどう？

デービッド：やあ、マーク。エイミーに僕が受けているギターレッスンについて話し
　　　　　　ていたところだったんだ。

　　マーク：そうなんだ、ギターレッスンはどんな感じなの？

デービッド：実は、やめようかと考えていて。レッスン代が安くはないし、先生はち
　　　　　　ょっと厳しいんだ。けど、❶それにもまして、レッスンがとてもつまらな
　　　　　　いんだ！　彼女は僕に、正しくできるように同じことを何度も繰り返し
　　　　　　やらせるんだ。それしかやらないんだ。エイミーは、それでも続けるべ
　　　　　　きだと思うんだよね？

　エイミー：そうね。あなたの先生は、上達に必要なことをわかってるもの。先生を
　　　　　　信頼すべきよ。あなたが基礎から始めるべきだと彼女が考えているなら、
　　　　　　彼女はおそらく正しいわ。

デービッド：うん、わかってるよ。けど、とにかく楽しくないんだ。ギターを弾こう
　　　　　　と決めたとき、夢は友人たちと音楽を演奏して楽しむことだったんだ。
　　　　　　いくつか曲を演奏できる方法を学びたいんだ。すべてを知る必要はなく
　　　　　　て、ただ楽しめるようになるだけで十分なんだ。

　　マーク：君の言いたいことはわかるよ、デービッド。もしバンドで演奏するなら、
　　　　　　練習するモチベーションが上がるよね。他の人と演奏することはとても
　　　　　　楽しいよ。レッスンをやめても、自分で演奏の仕方を学べると思うよ。

　エイミー：あなたが本当にギターを真剣に弾けるようになりたいなら、レッスンを
　　　　　　続けるべきだと思う。あなたの先生は、演奏するのに正しいやり方を教
　　　　　　えてくれると思うよ。もしレッスンをやめて我流でやろうとすると、後々
　　　　　　変えるのが難しい悪い癖が身についちゃうかもしれないし。❷今は楽しく
　　　　　　ないかもしれないけど、数年後にどれだけうまくなるかを想像してごら
　　　　　　んよ。

　　マーク：そうそう、頑張りぬくべきかもね。❸レッスン受けながらでも、いつでも
　　　　　　バンドを結成できるんだし。

デービッド：❹それはいいね！　そうすれば、先生から学んだことを練習できる。君た
　　　　　　ち2人は、バンドを組むのに興味ない？

重要語彙リスト		
☐ What's up?	熟	調子はどう？
☐ How be S going?	熟	S はどんな感じなの？
☐ actually	副	実は
☐ quit	動	やめる
☐ strict	形	厳しい
☐ even	副	さらに（比較級の強調表現）
☐ boring	形	退屈な
☐ practice	動	練習する
☐ over and over	熟	何度も何度も
☐ That's right.	熟	その通り。
☐ make progress	熟	進歩する
☐ trust	動	信頼する
☐ start with	熟	～から始める
☐ basics	名	基礎
☐ probably	副	おそらく
☐ enjoy *oneself*	熟	楽しむ
☐ have fun *doing*	熟	～して楽しむ
☐ how to *do*	熟	～する方法
☐ increase	動	増加させる
☐ motivation	名	動機付け
☐ suppose	動	～と思う
☐ be serious about	熟	～に真剣だ
☐ on *one's* own	熟	自分自身で
☐ You know what?	熟	あのね、いいかい
☐ stick with it	熟	頑張りぬく
☐ put together	熟	（グループなどを）組む
☐ either of	熟	～のうちどちらか

7

正解　　問1　②　　問2　③　　問3　②

◆先読み

問1　What is the **problem** with the **kitchen sink**?

① The sink was **too expensive**.

② The **water isn't going down** properly.

③ There are **too many dishes** in the sink.

④ **Water** is **leaking** from the sink.

問2　**Why** does the man want to **fix** the sink **himself**?

① He **enjoys** fixing things.

② He has **fixed many sinks**.

③ He thinks that the repair service will **cost too much**.

④ His **father taught** him how to fix the problem.

問3　Why doesn't the woman want the man to **fix** the sink?

① She **can't find his tools**.

② She is **worried** he might **make the problem worse**.

③ She **wants** the **man's father** to **fix** the sink.

④ She wants to **fix** the sink **herself**.

　問1の先読みで、**台所のシンクに何かしらの問題がある**とわかるので、そこを集中して聞き取ります。**高価すぎるのか、水が流れないか、皿が多すぎるか、水漏れが起きているか**を聞き取ります。続いて、**問2は男性がなぜ自分でシンクを直したいのか**を集中して聞き取ります。**修理が楽しいからか、多くのシンクを直したことがあるからか、修理費が高すぎるからか、父が教えてくれたか**を聞き取ります。**問3は、女性が男性に修理してもらいたくない理由**です。では、読み上げられた英文を見ていきましょう。

| 読み上げられた英文 |

W : Hey John, I think we've got a problem with the kitchen sink again. ❶ **The water won't flow down the pipe**.

M : This again? What are you trying to put down the drain, anyway?

W : Nothing unusual. When I rinse off the dishes, sometimes there's some food that gets rinsed off, but it's always soft and shouldn't cause a problem.

M : I don't know. Something is stopping the water from draining. ❷ **Do you know where those tools are that my dad gave me?** ❸ **I've never done it before**, but maybe I'll try and fix this myself. ❹ **You know how expensive the repair service will be**!

W : Uhm, do you remember the last time when you tried to fix the leak in the upstairs toilet? Not only did we have to call a repair service, but ❺ **we had to replace the floor after you flooded the bathroom! Let's not make the same mistake twice**!

問 1

女性の最初の発言の❶ The water won't flow down the pipe. 「水がパイプの下に流れない」から、②が正解。

問 2

続いて、男性の2番目の発言の❸ I've never done it before 「以前にそれを一度もやったことがない」から②は不適。その前に、❷ Do you know where those tools are that my dad gave me? 「父がくれた道具がどこかわかる？」と言っているだけで、父

にやり方を教わった等は言及されていないので、④も不適。同発言の最後❹ **You know how expensive the repair service will be!**「君は修理サービスがどれくらい高いかわかっているのか！」から、③**が正解。**

問3

女性の最後の発言の❺ **we had to replace the floor after you flooded the bathroom! Let's not make the same mistake twice!**「あなたがトイレを水浸しにしたとき、床を取り換えなければならなかった。同じミスを二度としないで！」から、女性は「男性が修理すると余計に状況が悪くなるから、修理を頼もう」と言いたいとわかります。よって、②**が正解。**

本問のように、**台所周辺の単語**は、あまりなじみのないものが多いので、整理します。

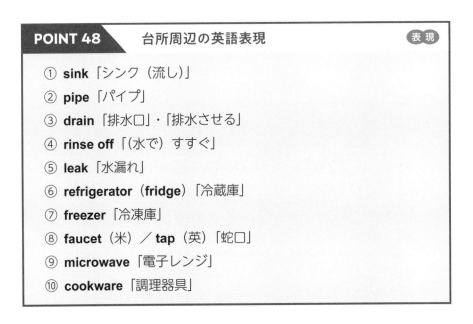

| POINT 48 | 台所周辺の英語表現 | 表現 |

① **sink**「シンク（流し）」
② **pipe**「パイプ」
③ **drain**「排水口」・「排水させる」
④ **rinse off**「（水で）すすぐ」
⑤ **leak**「水漏れ」
⑥ **refrigerator (fridge)**「冷蔵庫」
⑦ **freezer**「冷凍庫」
⑧ **faucet**（米）／ **tap**（英）「蛇口」
⑨ **microwave**「電子レンジ」
⑩ **cookware**「調理器具」

①〜⑤までが本問で登場した台所用語です。⑥は、**refrigerator** の省略形が **fridge** で「冷蔵庫」です。⑦は、**freeze**「凍らせる」＋**-er**「〜もの」＝**freezer**「冷凍庫」です。⑧の「蛇口」は**アメリカ英語**では **faucet**、**イギリス英語**では **tap** になります。

設問と選択肢の訳

問1　台所のシンクに関して、何が問題になっているか？

① シンクの費用が高すぎた。

② 水がきちんと流れない。

③ シンクに出ている皿が多すぎる。

④ 水がシンクから漏れている。

問2　なぜ男性は、シンクを自分で直したいのか？

① 彼はものを修理するのが楽しいから。

② 彼は多くのシンクを直してきたから。

③ 彼は修理サービスの費用が高すぎると思っているから。

④ 彼の父親は彼にその問題を解決する方法を教えてくれたから。

問3　なぜ女性は男性にシンクを修理してほしくないのか？

① 彼女は彼の道具を見つけられないから。

② 彼女は彼がその問題を悪化させるかもしれないと心配だから。

③ 彼女は男性の父親にシンクを直してもらいたいから。

④ 彼女はシンクを自分で直したいから。

読み上げられた英文の訳

女：ねえジョン、また台所のシンクがおかしいと思う。❶水がパイプを伝って流れていかないの。

男：また？　とりあえず、何を排水口に流そうとしているの？

女：普段と違うものは何も。皿を水ですすぐと、時々すすいだ食べ物があるけれど、いつも柔らかくて問題を引き起こしていることはないと思う。

男：わからないなあ。何かのせいで、排水されないんだ。❷父親からもらった道具がどこかわかる？　❸以前一度もやったことがないけれど、たぶんこれは自分で直せるし、やってみるよ。❹修理サービスがどれくらい高いかわかるでしょう！

女：うーん、あなたがこの前2階のトイレの水漏れを直そうとしたの覚えている？修理サービスに電話をかけなければいけないだけではなくて、❺トイレを水浸しにした後、床を取り換えなければならなかったでしょ！　同じ過ちは二度としないで！

重要語彙リスト

☐ flow	動	流れる
☐ drain	名	排水口
☐ anyway	副	とりあえず
☐ unusual	形	普通でない
☐ rinse off	熟	～をすすぐ
☐ stop O from *doing*	熟	O が～するのを妨げる
☐ fix	動	修理する
☐ expensive	形	高価な
☐ repair	動	修理する
☐ leak	名	水漏れ
☐ upstairs	形	2 階の
☐ replace	動	取り換える
☐ flood	動	水浸しにする
☐ bathroom	名	トイレ
☐ make a mistake	熟	ミスをする

第5章

8

◆先読み

問1　What was the man's original destination?

① London.　　　　② Seoul.

③ Osaka.　　　　④ Nagoya.

問2　On what day will the man's luggage arrive at the airport?

① Friday.　　　　② Saturday.

③ Sunday.　　　　④ Monday.

問3　What piece of luggage belongs to the man's daughter?

① A **green** suitcase.　　　② A **grey rucksack**.

③ A **pink** suitcase.　　　④ A **red** suitcase.

　問1の先読みで、**original** から行き先が変わったことを予想して、元々の目的地がどこかを集中して聞き取ります。**問2**は、男性の荷物が空港にいつ着くのかを集中して聞き取ります。**問3**は、娘の荷物の種類を集中して聞き取ります。suitcase は①、③、④共通なので、**green ／ pink ／ red の色**をしっかり聞き取りましょう。

読み上げられた英文

W : Good afternoon, sir. How can I help you?

M : Well, my daughter and I arrived here in Nagoya on a flight from Seoul, Korea about 45 minutes ago, and we still haven't received our luggage.

W : Oh, sorry. May I check your ticket please? Ah yes, I see that you left London on Friday afternoon on the flight to Seoul, then this morning you transferred to the flight to Nagoya.

M : Actually, ❶**we were originally going to fly directly from London to Osaka**, but because of the typhoon, the airline cancelled that flight. That is why we had to fly to Nagoya by way of Seoul.

W : Yes, I see. That's what it says on our computer. I'm sorry. ❷**I can see that your luggage has been delayed in London, but it will arrive here tomorrow afternoon**.

M : ❸**So, today is Saturday, right?** Does that mean I have to come back here to the airport on Sunday?

W : Not at all, sir. We'll be glad to deliver it to you any time on Monday. Just fill in this form with your address and give me a few details relating to your luggage, and we will deliver it to you.

M : I suppose that will be all right.

W : Now, could you tell me about your luggage? Can you confirm how many pieces there are?

M : Four. There's one small, pink suitcase; a large, blue suitcase ; ❹**a medium-sized, red suitcase with a green, waterproof cover**, and a large, grey rucksack. ❺**The case with the green cover is my daughter's** and her name is on it, not mine.

W : I've got it. I'll arrange the delivery for you.

M : Thank you very much for your help.

W : Not at all.

問 1

男性の 2 番目の発言、❶ we were originally going to fly directly from London to Osaka「私たちは元々ロンドンから大阪に直行便で向かう予定だった」から、③が正解。

問 2

続いて、女性の 3 番目の発言❷ I can see that your luggage has been delayed in London, but it will arrive here tomorrow afternoon.「あなたの荷物はロンドンで遅れているが、ここには明日の午後に到着すると把握しています」と、男性の次の発言❸ So, today is Saturday, right?「すると、今日は土曜日ですよね？」から、③「日曜日」が正解。

問 3

男性の最後から 2 番目の発言❹ a medium-sized, red suitcase with a green, waterproof cover,「中くらいの緑の防水カバーで覆われた赤いスーツケース」から**緑のカバーの赤いスーツケースをイメージしておきます**。❺ The case with the green cover is my daughter's「緑のカバーのケースが娘のものです」から、④「**赤のスーツケース**」が正解。

女性の最後から 2 番目の発言に、**I've got it.**「**了解**」とあります。POINT 13 で学んだように、**承諾や了解を意味する英語表現**は非常に多いので、プラスαで紹介します。

POINT 49　　　承諾の表現　その2　　　

① **I got it.／I've got it.**
② **No problem.**
③ **It's a piece of cake.**

---

①の **I got it.** や **I've got it.** は、「私はそれを心得ました」＝「了解しました」といった感じです。② **No problem.** は「**問題ないよ、OK だよ**」といった感じです。③の **It's a piece of cake.** は **very easy** の意味で、日本語の「**朝飯前だよ**」と同じ表現です。「**楽勝さ、任せて**」といった感じです。

設問と選択肢の訳

問1　男性の元々の目的地はどこだったか？

① ロンドン。　　　　　　　　② ソウル。

③ 大阪。　　　　　　　　　　④ 名古屋。

問2　男性の荷物が空港に着くのは何曜日になるか？

① 金曜日。　　　　　　　　　② 土曜日。

③ 日曜日。　　　　　　　　　④ 月曜日。

問3　男性の娘の荷物はどんなものか？

① 緑のスーツケース。　　　　② グレーのリュックサック。

③ ピンクのスーツケース。　　④ 赤のスーツケース。

読み上げられた英文の訳

女：こんにちは、何かご用でしょうか？

男：ええと、娘と私は約45分前に韓国のソウルからのフライトでここ名古屋に着いたんですが、まだ荷物を受け取っていないんです。

女：申し訳ございません。チケットを拝見してもよろしいでしょうか？　はい、お客様が金曜の午後にソウル行きのフライトでロンドンを出て、今朝名古屋行きのフライトに乗り換えられたと把握しております。

男：実は、❶私たちは元々ロンドンから大阪に直行便で向かう予定でしたが、台風のせいで、航空会社がそのフライトをキャンセルしたのです。そういうわけで、私たちはソウル経由で名古屋に飛行機で来なければならなかったのです。

女：承知いたしました。私たちのコンピューターでもそう表示されています。申し訳ございませんでした。❷お客様の荷物はロンドンで遅れていますが、ここには明日の午後に到着すると把握しています。

男：❸すると、今日は土曜日ですよね？　日曜日にここの空港に戻ってこなければいけないということですか？

女：いいえ、とんでもございません。私たちが、月曜日のご都合の良い時間にお届けに伺います。このフォームに住所をご記入いただき、荷物の特徴を数点お教えいただければ、お客様の元へお届けします。

男：了解です、それで大丈夫です。

女：では、お客様のお荷物について教えていただけますか？　いくつお荷物があるかをご確認いただけますか？

男：4つです。小さいピンクのスーツケースと、大きなブルーのスーツケースと、❹緑の防水カバーのついた中くらいの赤いスーツケース。そして、大きなグレーのリュックサックです。❺緑のカバーのケースは私の娘のもので、私の名前ではなくて、娘の名前が書かれています。

女：承知いたしました。お客様宛の配達を手配します。

男：ご協力いただいて、本当にありがとうございます。

女：とんでもございません。

重要語彙リスト

☐ receive	動	受け取る
☐ luggage	名	荷物
☐ see that ~	動	~とわかる
☐ transfer to	熟	~に乗り換える
☐ actually	副	実は
☐ originally	副	元々
☐ directly	副	直接
☐ airline	名	航空会社
☐ cancel	動	キャンセルする
☐ That is why ~.	熟	そういうわけで~
☐ by way of	熟	~経由で
☐ be delayed	動	遅れる
☐ be glad to *do*	熟	喜んで~する
☐ deliver	動	配達する
☐ fill in	熟	~に記入する
☐ detail	名	詳細
☐ relate to	熟	~に関係する
☐ suppose	動	~と思う
☐ confirm	動	確認する
☐ piece	名	部品、部分
☐ waterproof	形	防水の
☐ I've got it.	熟	わかりました。
☐ arrange	動	手配する

9

正解　　**問1** ②　　**問2** ④　　**問3** ③

◆先読み

問1

① Becky's **teachers**.

② Becky's **father and teacher**.

③ Becky and her **father**.

④ Becky's **parents**.

問2

① **Being alone** if **Becky** goes to **France**.

② Becky's **French ability**.

③ The **cost** of going to **college** in **France**.

④ If **Becky** is **old enough** to **study abroad**.

問3

① They **attend the same high school**.

② They went to **college** in **Paris**.

③ They **are good at French**.

④ They **like France better than America**.

　問題文がないので、先読みが限定的にはなりますが、**問1**は**ベッキーという主人公と、教師や父親、両親が登場するのかが問題になっている**とわかります。**問2**は、**フランス留学やフランス語の能力が問題になっている**とわかります。**問3**は、**主語がすべてThey なので複数の登場人物の何かしらの共通点**を集中して聞き取ります。では、読み上げられた英文を見ていきましょう。

読み上げられた英文

M : Good afternoon, Mrs. Hendricks. Thanks for making the time to see me.

W : It's my pleasure, Mr. Bradley. You wanted to talk about Becky?

M : Yes. She is talking a lot about going to college in France, and I'm beginning to worry.

W : What are you worried about?

M : First of all, I wonder if her French ability is really good enough. I also worry about the cost. ❶ **But most of all, I just think that my daughter is too young to live alone in a foreign country**.

W : ❷ **I can assure you that Becky's French is excellent.** ❸ **She is by far the best student that I have ever had in any of my French classes**.

M : Well, I know that she loves French. She studies it constantly.

W : As far as college and living expenses go, the cost would be similar to sending Becky to a private university here in America.

M : But Becky is only 18 years old!

W : How old were you when you first lived away from home?

M : Eighteen. But those were different times and circumstances.

W : Actually, Mr. Bradley, I have been strongly encouraging Becky to study in France. That's what I did after I graduated from high school. My four years of college in Paris were the best years of my life. And that's why ❹ **my French is so good**.

M : Do you really think this is the right decision for Becky?

W : Absolutely.

Questions

No. 1 **Who** is **talking** in this conversation?

No. 2 What is **Mr. Bradley** most **worried about**?

No. 3 How are **Mrs. Hendricks and Becky similar**?

　Questions をしっかり聞く必要がありますが、**問 1 は会話で誰が話しているか**、**問 2 はブラッドリーさんが一番心配していること**、**問 3 はヘンドリックス先生とベッキーが似ている点**が聞かれています。

問 1

　男性の 3 番目の発言❶ But most of all, I just think that my daughter is too young to live alone in a foreign country. 「しかし、中でも心配なのが、娘が若すぎて、外国で 1 人暮らしができないのではと思うのです」と、その次の女性の発言❸ She is by far the best student that I have ever had in any of my French classes. 「彼女は、私が今まで担当したフランス語の授業で見てきた中でも、最も素晴らしい生徒です」から、**生徒の親と教師の会話**とわかるので、②が正解です。

問 2

　❶ But most of all, I just think that my daughter is too young to live alone in a foreign country. 「しかし、中でも心配なのが、娘が若すぎて、外国で 1 人暮らしができないのではと思うのです」から、④が正解。

問 3

　女性の 3 番目の発言❷ I can assure you that Becky's French is excellent. 「ベッキーのフランス語は素晴らしいと保証します」から、**ベッキーは、フランス語が非常に得意**だとわかります。続いて、女性の最後から 2 番目の発言❹ my French is so good. 「私はフランス語がとても得意」から、③が正解。

女性の最初の発言で、**It's my pleasure.**「**どういたしまして**」が使われているので、まとめていきます。

POINT 50　　「どういたしまして」の表現　　　表現

① **You're welcome.**

② （**It's**）**My pleasure.**

③ **Don't mention it.**

④ **No problem.** ／ **No worries.** ／ **Not at all.**

⑤ **Sure.**

英語で Thank you. の返答に使う「**どういたしまして**」は、非常に多くあるのですが、① **You're welcome.** が一番フォーマルです。「**あなたの感謝を喜んでお受けします**」＝「**どういたしまして**」といった感じです。続いて、②（**It's**）**My pleasure.** は「**あなたの感謝は私の喜びです**」＝「**どういたしまして**」といった感じです。③ **Don't mention it.**「**それ（御礼）については言わなくていいよ**」＝「**どういたしまして**」となります。④は、わりとカジュアルな表現ですが、**No problem.** ／ **No worries.** ともに「**心配ご無用**」、**Not at all.** も「**気にしなくていいよ**」といった感じです。他にも、⑤ **Sure.**「**了解**」と気楽に使う「**どういたしまして**」があります。

設問と選択肢の訳

このパートでは、ある会話を聞きます。会話の後、3つの質問を聞きます。会話と質問は1度だけ流れます。繰り返しはありません。メモを取ってもかまいません。それぞれの質問の後に、4つの選択肢を読み、最も適切な答えを選びなさい。

問1

① ベッキーの教師陣。　　② ベッキーの父親と先生。

③ ベッキーと彼女の父親。　　④ ベッキーの両親。

問2

① ベッキーがフランスに行くと自分が1人になること。

② ベッキーのフランス語の能力。

③ フランスの大学に通う費用。

④ ベッキーが留学できる年齢かどうか。

問3

① 彼女たちは同じ高校に通っている。

② 彼女たちはパリの大学に通っていた。

③ 彼女たちはフランス語が得意だ。

④ 彼女たちはアメリカよりフランスが好きだ。

読み上げられた英文の訳

男：こんにちは、ヘンドリックス先生。お会いする時間を作ってくださり、ありがとうございます。

女：どういたしまして。ブラッドリーさん、ベッキーについてお話があるとのことでしたよね?

男：ええ、娘がフランスの大学に行くことについてたくさん話しているのですが、私は心配になり始めているんです。

女：何を心配されているのですか?

男：初めに、娘のフランス語の能力が本当に充分なのかがわかりません。費用も心配です。❶しかし、最も心配なのは、娘が外国で1人暮らしをするには、若すぎると思うのです。

女：❷ベッキーのフランス語は素晴らしいと保証します。❸彼女は、私が今まで担当し

たフランス語の授業で見てきた中でも、最も素晴らしい生徒です。

男：ええ、娘がフランス語を大好きなのはわかります。ずっと勉強していますから。

女：学費と生活費に関して言うと、費用はベッキーをここアメリカで私立大学に通わせるのと同じようなものでしょう。

男：しかし、ベッキーはまだ18歳です。

女：お父様が最初に家から離れて暮らしたときは何歳でしたか？

男：18歳でした。しかし、当時とは時代も状況も異なります。

女：ブラッドリーさん、実は、私は強くベッキーにフランスで勉強することをすすめていました。私も高校卒業後にフランスに留学しました。パリでの大学の4年間は人生でも最高のものでした。だから○私はフランス語がとても得意なのです。

男：これがベッキーにとって、正しい決断だと本当に思いますか？

女：ええ、絶対に正しいと思います。

質問

問1　この会話で話しているのは誰か？

問2　ブラッドリーさんは、何を最も心配しているか？

問3　ヘンドリックス先生とベッキーは、どのような共通点があるか？

重要語彙リスト

☐ It's my pleasure.	熟	どういたしまして。
☐ be worried about	熟	～について心配している
☐ first of all	熟	まず初めに
☐ wonder if	熟	～かどうか疑問に思う
☐ most of all	熟	とりわけ
☐ assure O that ～	熟	O に～を保証する
☐ excellent	形	素晴らしい
☐ by far	熟	最高の（最上級の強調表現）
☐ constantly	副	絶えず
☐ as far as S goes	熟	S に関する限り
☐ living expenses	名	生活費
☐ be similar to	熟	～に似ている
☐ private university	名	私立大学
☐ circumstance	名	状況
☐ encourage O to do	熟	O に～するように促す
☐ graduate from	熟	～を卒業する
☐ That's why ～.	熟	そういうわけで～

☐ right	形	正しい
☐ decision	名	決断
☐ absolutely	副	絶対に
☐ conversation	名	会話

10

正解　問1　②　　問2　①　　問3　②

◆先読み

問1 What seems to be true about **Tim's haircut**?

① After the haircut, Tim's hair still **touches the floor**.

② The haircut is **unusually short**.

③ This is Tim's **first haircut**.

④ Tim **doesn't know who** gave him the **haircut**.

問2 How does Tim seem to feel about his haircut?

① He **dislikes** it.

② He **enjoys** having the latest style.

③ He thinks it will be **cool** in the **summer**.

④ It is just **what he wanted**.

問3 What do **people keep saying** to Tim?

① "It **won't grow fast enough**."

② "It'll **grow back**."

③ "Please **put it back on**."

④ "You should **become a hairstylist**."

　問1は、**ティムの髪型**について集中して聞き取ります。問2は、**ティムが自分の髪型をどう思うか**を集中して聞き取ります。問3は、**人がティムに何を言い続けているのか**を聞き取ります。では、読み上げられた英文を見ていきましょう。

W : Hi Tim. Your hair looks nice. **❶It's a bit shorter than usual, isn't it?**

M : A bit shorter? I don't think so. **❷It's a lot shorter**. When I look in the mirror, I don't even know who's looking back at me.

W : So you got your hair cut, but you didn't get the haircut that you wanted?

M : **❸This is not even close to the haircut that I wanted**. I asked to have my hair trimmed just a little bit, and the hairstylist really went to town. When I looked down at the floor, there were piles of hair, my hair, on the floor. I couldn't believe it!

W : Well, what did you say to the hairstylist?

M : What could I say? The hair was already cut off. I couldn't exactly say, "Please put it back on," although that's exactly what I wanted to say.

W : Well, **❹at least your hair'll grow back soon**.

M : **❺That's what everyone is saying to me. "It'll grow back, it'll grow back."** But it won't grow fast enough to make me happy.

W : Maybe after you get used to it, you'll like it a bit more.

問1

　女性の最初の発言**❶It's a bit shorter than usual, isn't it?**「いつもより少し短いよね？」に対して、男性が**❷It's a lot shorter.**「かなり短いよ」と返答していることから、②**The haircut is unusually short.**「髪型が、異常に短い」が正解。

問 2

男性の 2 番目の発言❸ **This is not even close to the haircut that I wanted.**「これは僕が望んでいた髪型に近くすらない」から、①**He dislikes it.**「**彼はそれが嫌いだ**」が正解。

問 3

女性の最後から 2 番目の発言❹ **at least your hair'll grow back soon.**「少なくともあなたの髪はすぐに元に戻るよ」に対して、男性の最後の発言❺ **That's what everyone is saying to me. "It'll grow back, it'll grow back."**「それはみんな僕に言うよ、『また伸びる、また伸びてくる』って」から、②**"It'll grow back."**『**それはまた伸びてくる**』が正解。

髪に関する英語表現は慣れておく必要があるので、まとめます。

POINT 51　髪に関する英語表現　表現

① **髪を切ってもらう**
- **have(get)** *one's* **hair cut(trimmed)**

② **長さに関する表現**
- **long**「長い」⇒ **medium**「中くらい」⇒ **short**「短い」
- **shoulder length hair**「肩くらいの長さ」

③ **スタイルに関する表現**
- **straight**「ストレートの」⇔ **curly**「巻き毛の」／ **wavy**「ウェーブの」
- **ponytail**「ポニーテール」

まず「髪を切ってもらう」は、have や get の第 5 文型を使って、**have** *one's* **hair cut** や **have** *one's* **hair trimmed** とします。trim は「刈り取る」という意味です。続いて、髪の長さは long→medium→short の順に短くなり、**肩くらいの長さは shoulder length hair** と表します。最後に、髪のスタイルは、まっすぐな髪に対して**巻き髪やく**

せ毛を **curly** や **wavy** で表します。**ponytail** は、元々 **pony**「仔馬^{こうま}」の **tail**「しっぽ」
と似ていることから名付けられた髪型です。

設問と選択肢の訳

問1　ティムの髪型に関して何が当てはまるように思えるか？

① 髪を切った後でも、ティムの髪はまだ床に触れるほど長い。

② 髪型が異常に短い。

③ 今回がティムの最初の散髪だ。

④ ティムには、誰が髪を切ってくれたかがわからない。

問2　ティムは自分の髪型をどう感じているか？

① 髪型を嫌っている。

② 最新のスタイルを楽しんでいる。

③ 夏には涼しいと思っている。

④ ちょうど彼が望んでいたものだ。

問3　人々はティムに何を言い続けているか？

① 「そんなにすぐには伸びてこないだろう」

② 「また伸びてくるよ」

③ 「どうぞ元に戻してください」

④ 「あなたは美容師になるべきだ」

読み上げられた英文の訳

女：こんにちは、ティム。髪型素敵だね。❶いつもよりちょっと短いよね？

男：ちょっと短い？　そうは思わないけどなあ。❷かなり短いよ。鏡で見ると、誰が映っているのかわからないくらいだよ。

女：すると、髪を切ってもらったけど、望んだ髪型ではなかったの？

男：❸これは僕が望んでいた髪型に近くすらない。僕は髪をちょっとだけ切ってもらうように頼んだが、美容師が切りすぎてしまった。床を見ると、僕の髪の束が床一面にあった。信じられないよ！

女：それで、美容師に何か言ったの？

男：何か言えると思う？　もう髪は切られてたんだよ。「元に戻してくれ」なんて言えるわけもなかった。本当は言いたかったけど。

女：まあ、❹少なくともあなたの髪はすぐに元に戻るよ。

男：❺みんなそればっかり言う。『また伸びる、また伸びてくる』って。けど、嬉しくなるほどすぐには伸びてこないと思う。

女：たぶん慣れてくると、もうちょっと気に入ると思うよ。

重要語彙リスト		
☐ be close to	熟	～に近い
☐ ask to *do*	熟	～するように頼む
☐ trim	動	刈り取る
☐ go to town	熟	羽目を外す
☐ pile	名	束
☐ put O back on	熟	O を元に戻す
☐ at least	熟	少なくとも
☐ grow back	熟	元に戻る
☐ get used to	熟	～に慣れる

第6章

総合問題の対策

1

正解	問1 ②	問2 ②	問3 ②

◆先読み

問1 **Why** did the speaker begin using **social media**?

① To **make** many **new friends**

② To stay in **contact** with **people**

③ To take **university classes online**

④ To **watch** live **videos** in her **dorm**

問2 What event made the **biggest impression** on the speaker?

① A **baby walking** for the first time

② A **family** member's **travels**

③ Her **going away** to **university**

④ The **birth** of her **friend's baby**

問3 What is the **main problem** discussed in this story?

① People can **reach you** at **any time** of day.

② People feel their **lives are inferior to others**'.

③ People have **stopped** having **many babies**.

④ People have **stopped meeting face-to-face**.

問1は **Why** と **social media** をチェックして、**SNS を使う理由がスタートしたら集中して聞き取ります**。選択肢を軽く見ると、新しい友人を作るためや、人と連絡を取る、大学の授業をオンラインで受けるといったことが書かれています。**問2 は biggest impression をチェック**しましょう。選択肢は、baby walking ／ family, travels ／ birth, friend's baby などから、**赤ん坊の話**が登場すると推測できます。**問3 は、main** problem をチェックして、reach you, any time ／ lives are inferior to others' ／ stopped, many babies ／ stopped meeting face-to-face をチェックしましょう。では、読み上げられた英文を見ていきましょう。

読み上げられた英文

After high school, I went to a university that was far away from home. I could only visit my friends and family every six months. Of course, I missed them, so I started using social media. **❶It enabled us to keep in touch with each other**. When I was in my second year of university, a friend in my hometown and her husband had a baby girl. The very same day, I was able to see pictures of their daughter. A year later, on my dorm room computer, I watched a live video of her taking her first steps. **❷What had the biggest impact on me, however, was following my sister's adventures while she studied abroad in Spain**. I hate to say it, but I started to feel envious of them because their lives seemed so perfect. This is one of the problems with social media. **❸People only post the good things that happen to them, and without thinking about it, we compare ourselves to them**. Social media allowed me to experience things I otherwise would have missed. However, it is also necessary to be aware of all the good things in our own lives.

問1

❶ **It enabled us to keep in touch with each other.** 「それ（SNS）のおかげで、私たちはお互いに連絡を取り続けることができた」から、②が正解。It は social media を指します。**enable O to do** は、主語と O to do 間に因果関係を作ることができます。

リーディングでもリスニングでも、enable O to *do* に代表される**因果関係を作ること
のできる表現**は要注意です。

POINT 52 因果関係を作ることができる表現（第5文型） 表現

無生物主語＋**enable O to *do*.** ／ 無生物主語＋**allow O to *do*.**
無生物主語＋**cause O to *do*.** ／ 無生物主語＋**make O C.**
無生物主語＋**prevent O from *doing*.**

---

enable O to *do*「O が〜するのを可能にする」は、多くの場合、無生物主語と引きあ
って**因果関係**を作るので、**「S のおかげで O が〜できる」**と訳すのを覚えておきましょ
う。**allow O to *do*** は通常**「O が〜するのを許す」**ですが、無生物主語と引きあうと、
「S のおかげで O が〜できる」と因果関係を作ります。**cause O to *do*** と **make O C** も
同様です。**prevent** だけは、因果関係は作りますが、**「S のせいで O が〜できない」**と
enable と**反対の意味**になります。これらの表現は、リーディングはもとより、リスニ
ングで登場しても、設問になる可能性が非常に高いので、聞こえてきたらどんな因果関
係か、必ず注意して聞き取るようにしてください。

問2

❷ **What had the biggest impact on me, however, was following my sister's
adventures while she studied abroad in Spain.**「しかし、私にとって最も衝撃だった
のは、姉がスペインに留学中に、その冒険をフォローすることだった」から、②**が正解**。
however が使われていることに注意し、**最上級表現**が聞こえてきたら、必ず注意して
聞き取るようにしましょう。

問3

❸ **People only post the good things that happen to them, and without thinking
about it, we compare ourselves to them.**「人はたまたま起きている良いことを（SNS
に）あげているだけなのだが、そう考えずに、私たちは自分を彼らと比べてしまう」か
ら、②**が正解**。

179

設問と選択肢の訳

問1　なぜ話者は SNS を使い始めたか？

① 新しく多くの友達を作るため
② 人と連絡を取り続けるために
③ 大学の授業をオンラインで受講するために
④ 寮で生中継映像を見るために

問2　話者にとってどんな出来事が最も印象深かったか？

① 赤ん坊が初めて歩いたこと
② 家族の1人が旅行したこと
③ 彼女が家を離れて大学に行くこと
④ 友人の赤ん坊が生まれたこと

問3　この物語で議論されている最大の問題は何か？

① 人が日中いつでも連絡が取れる。
② 人が自分の人生を他人の人生より劣っていると感じる。
③ 人が赤ん坊をたくさん産むことをやめた。
④ 人が直接会うことをやめた。

第6章

読み上げられた英文の訳

　高校卒業後に、私は家からかなり離れた大学に通った。友人や家族を6ヵ月ごとに訪ねるしかできなかった。もちろん、彼らがいなくて寂しく思ったので、SNS を使い始めた。❶そのおかげで、私たちはお互いと連絡を取り続けることができた。大学2年生のとき、故郷の友人がその夫との間に、女の子の赤ん坊を授かった。それとまさに同じ日に、彼らの娘の写真を見ることができた。1年後、私の寮のパソコンで、その女の子が最初の一歩を踏み出したときのライブビデオを見た。❷しかし、私にとって最も衝撃だったのは、私の姉がスペインに留学中に、彼女の冒険をフォローすることだった。言いたくはないが、彼らがうらやましくなったのは、彼らの生活が完璧のように見えたからだ。これは SNS の抱える問題の1つだ。❸人はたまたま起きている良いことを（SNS に）あげているだけなのだが、そう考えずに、私たちは自分を彼らと比べてしまう。SNS のおかげで、私はそれがなければやれなかった経験ができた。しかし、自分自身の生活のあらゆる良いことに気づくのも必要なことだ。

重要語彙リスト		
☐ social media	名	SNS
☐ stay in contact with（keep in touch with）	熟	〜と連絡を取り続ける
☐ impression	名	印象
☐ birth	名	誕生
☐ be inferior to	熟	〜より劣っている
☐ face-to-face	熟	面と向かって
☐ far away	熟	遠く離れた
☐ the very 〜	熟	まさにその〜
☐ have an impact on	熟	〜に影響を与える
☐ envious	形	うらやんで
☐ compare A to（with）B	熟	A を B と比べる
☐ otherwise	副	そうでなければ
☐ be aware of	熟	〜に気づく

2

正解　　問1　③　　問2　①　　問3　③

◆ 先読み

問1　What did the speaker notice about buses in Nepal?

① They **came very often**.

② They **followed** a **timetable**.

③ They **left** when they became **full**.

④ They **served tea** to **passengers**.

問2　Why did the speaker's **classes** often start late in Nepal?

① She was having **tea with the principal**.

② She was **preparing for class**.

③ The **students** were **chatting**.

④ The **students** were having **tea**.

問3　What did the speaker learn from her teaching experiences?

① **Tea** is as **popular** as **coffee** in Japan.

② **Tea making** is **very different** in Japan and Nepal.

③ **Tea time** helps **develop relationships** in Nepal.

④ **Time** is viewed **similarly in Japan and Nepal**.

　問1の先読みから、**ネパールのバスは何らかの特徴がある**とわかります。問2は、ネパールで授業の開始が遅れる理由です。問3は、日本とネパールでのお茶のとらえ方を集中して聞き取りましょう。それでは、読み上げられた英文を見ていきます。

読み上げられた英文

The way cultures relate to tea and time is interesting. As an American teacher with experience in both Japan and Nepal, I have noticed similarities and differences concerning tea and time. Both countries have a tea culture. Tea is a part of most meals and a popular drink enjoyed throughout the day. It is also often served at meetings.

On the other hand, their views of time are quite different. For example, in Japan, trains and buses generally arrive and leave on time, and run according to schedule. I thought this happened everywhere. Working in Nepal, however, showed me that concepts of time could be quite different. **❶Buses did not run on a schedule; they moved only when they were filled with passengers.** As another example, **❷I would arrive at school ready to teach but found myself first having tea with the principal**. The lessons started late, but it seemed that the time schedule was not as important as our morning tea and chat. In Japan, I think we would have kept to the schedule and had tea after class. But **❸working in Nepal taught me the value of building the bonds of smooth, lasting relationships ... over tea**.

問1

第2段落**❶ Buses did not run on a schedule; they moved only when they were filled with passengers.** 「バスは時刻表通りには運行していなかった。乗客で満員にならないと動かないのだ」から、③**が正解**。②はこの文より不一致。

問2

第2段落❷ **I would arrive at school ready to teach but found myself first having tea with the principal.**「教える準備をして学校に到着しても、気づいたらまずは校長とお茶を飲んでいるのだった」から、①**が正解。**

問3

第2段落❸ **working in Nepal taught me the value of building the bonds of smooth, lasting relationships ... over tea.**「ネパールで働くことで、お茶を飲みながら、円滑でずっと続く関係性という絆を作ることの価値を学んだ」より、③**が正解。**

設問と選択肢の訳

問1　話者はネパールのバスについて何に気づいたか？
　① とても頻繁に来た。
　② 時刻表に正確だった。
　③ 満員になったら出発した。
　④ 乗客にお茶を出した。

問2　話者の授業は、ネパールではなぜ遅れて始まることがよくあったのか？
　① 彼女が校長とお茶を飲んでいたから。
　② 彼女が授業の準備をしている最中だったから。
　③ 生徒がおしゃべりをしていたから。
　④ 生徒がお茶を飲んでいたから。

問3　話者は教える経験から何を学んだか？
　① お茶は日本ではコーヒーと同じくらい人気がある。
　② お茶を作るのは、日本とネパールでは全く異なる。
　③ ティータイムは、ネパールでは人間関係を築く手助けとなる。
　④ 時間は日本とネパールでは同じようにとらえられている。

読み上げられた英文の訳

　文化がお茶と時間にどう関係するかは面白いものだ。日本とネパールの両方で教えた経験のあるアメリカ人教師として、私はお茶と時間に関する共通点と相違点に気づくことがあった。両国ともお茶の文化がある。お茶はほとんどの食事の一部であり、1日を通して飲まれる人気の飲み物だ。それは会議でも出される。

　一方で、時間への考えは大きく異なる。例えば、日本では列車とバスはたいてい時間通りに到着して出発するし、時刻表に従って運行する。私はこれがすべての場所で通じることだと思っていた。しかし、ネパールで働いてみると、時間の概念は全く異なるものだと教えられた。❶バスは時刻表通りには運行していなかった。乗客で満員にならないと動かないのだ。もう1つの例として、❷教える準備をして学校に到着しても、気づいたらまずは校長とお茶を飲んでいるのだった。授業は遅れて始まるが、時間割は、私たちの朝のお茶とおしゃべりほどは重要ではないようだった。日本では、私たちは時間割を守って、授業後にお茶を楽しむものだと思う。しかし、❸ネパールで働くことで、お茶を飲みながら、円滑でずっと続く関係性という絆を作ることの価値を学んだ。

重要語彙リスト

☐ the way SV	熟	S が V する方法
☐ relate to	熟	～に関係する
☐ notice	動	気づく
☐ similarity	名	類似点
☐ concerning	前	～に関する
☐ meal	名	食事
☐ throughout	前	～の間中
☐ serve	動	（食事などを）出す
☐ on the other hand	熟	一方で
☐ view	名	見解、考え方
☐ generally	副	通常は
☐ on time	熟	時間通りに
☐ according to	前	～に従って
☐ concept	名	概念
☐ be filled with	熟	～で一杯だ
☐ passenger	名	乗客
☐ find *oneself doing*	熟	気づいたら～している
☐ principal	名	校長
☐ It seems that ～.	熟	～のように思える

☐ chat	名	おしゃべり
☐ keep to	熟	～に従う
☐ bond	名	絆
☐ smooth	形	円滑な
☐ lasting	形	ずっと続く
☐ relationship	名	関係性

3

正解	問1 ②	問2 ①	問3 ②
	問4 ⑤	問5 ④	問6 ④
	問7 ①		

◆先読み

○ **World Happiness Report**

・**Purpose**：To **promote** [1] happiness and well-being

・Scandinavian countries：Consistently happiest in the world（since 2012）

Why? ⇒ "**Hygge**" lifestyle in Denmark

↓ spread around the world in 2016

○ **Interpretations of Hygge**

	Popular Image of Hygge	**Real** Hygge in Denmark
What	2	3
Where	4	5
How	special	ordinary

問1 ワークシートの空欄 1 に入れるのに最も適切なものを、4つの選択肢（①〜④）のうちから1つ選びなさい。

① a sustainable **development goal beyond**

② a sustainable **economy** supporting

③ a sustainable **natural environment** for

④ a sustainable **society challenging**

問 2 ～ 5　ワークシートの空欄 ⎡ 2 ⎤～⎡ 5 ⎤に入れるのに最も適切なもの
を、6 つの選択肢（①～⑥）のうちから 1 つずつ選びなさい。選択肢は 2 回
以上使ってもかまいません。

① goods　　　　② relationships　　　③ tasks
④ everywhere　⑤ indoors　　　　　⑥ outdoors

問 6　講義の内容と一致するものはどれか。最も適切なものを、4 つの選択肢
（①～④）のうちから 1 つ選びなさい。

① Danish people are **against high taxes** to maintain a standard of living.
② Danish people **spend less money on basic needs than on socializing**.
③ Danish people's **income is large enough** to encourage a life of luxury.
④ Danish people's **welfare system allows them to live meaningful lives**.

　まずは、ワークシートの内容に軽く目を通しましょう。⎡ 1 ⎤は**この報告の目的**で、
「～な幸福や健康を促進するため」に当てはまる情報を集中して聞き取ります。**問 1** の
選択肢に目をやると、a sustainable までは一緒なので無視できるとわかります。①は
「幸福や健康を超えた開発目標」になるので不適ではと推測します。②は**「幸福や健康
を維持する経済」**、③は**「幸福や健康のための自然環境」**、④は「幸福や健康に挑む社
会」なので、②、③に正解の候補を絞れると推論します。

　⎡ 2 ⎤～⎡ 5 ⎤は、**Hygge が一般的なイメージとデンマークでの実際の様子が分か
れる**とあり、空欄から特に**「何」**と**「どこで」**を集中して聞き取ります。**問 6** は厳密に
すべてを先読みするのは時間的に無理でしょうが、①の **against high taxes**、②の
basic needs < socializing 程度を把握して、リスニングに集中します。

読み上げられた英文

What is happiness? Can we be happy and promote sustainable development? Since 2012, the *World Happiness Report* has been issued by a United Nations organization to develop new approaches to ❶**economic sustainability for the sake of happiness and well-being**. The reports show that Scandinavian countries are consistently ranked as the happiest societies on earth. But what makes them so happy? In Denmark, for example, leisure time is often spent with others. That kind of environment makes Danish people happy thanks to a tradition called "hygge," spelled H-Y-G-G-E. Hygge means coziness or comfort and describes the feeling of being loved.

This word became well-known worldwide in 2016 as an interpretation of mindfulness or wellness. Now, hygge is at risk of being commercialized. But ❷**hygge is not about the material things we see in popular images like candlelit rooms and cozy bedrooms with hand-knit blankets.** ❸**Real hygge happens anywhere—in public or in private, indoors or outdoors, with or without candles.** ❹**The main point of hygge is to live a life connected with loved ones** while making ordinary essential tasks meaningful and joyful.

Perhaps Danish people are better at appreciating the small, "hygge" things in life because they have no worries about basic necessities. ❺**Danish people willingly pay from 30 to 50 percent of their income in tax. These high taxes pay for a good welfare**

system that provides free healthcare and education. Once basic needs are met, more money doesn't guarantee more happiness. While money and material goods seem to be highly valued in some countries like the US, people in Denmark place more value on socializing. Nevertheless, Denmark has above-average productivity according to the OECD.

問1

❶ <u>economic</u> **sustainability for the sake of happiness and well-being** 「幸福や健康のための**経済的**持続可能性」とあるので、先読みしていた②**が正解**とわかります。

問2〜5

❷ **hygge is not about the material things we see in popular images like candlelit rooms and cozy bedrooms with hand-knit blankets.** 「ヒュッゲとはろうそくに照らされた部屋や手編みの毛布のある居心地の良い寝室のような、私たちが一般的なイメージで目にする物質的なものではない」から、**ヒュッゲとは一般的なイメージでは何らかの「もの」を指す**とわかるので、 2 は、**material things を言い換えた**①**goods「品物」が正解**とわかります。さらに、一般的なイメージのヒュッゲは**屋内で行われる**とわかるので、 4 は⑤**が正解**とわかります。

続いて、❸ **Real hygge happens anywhere—in public or in private, indoors or outdoors, with or without candles.** 「本当のヒュッゲは、公的な場所、私的な場所、屋内、屋外、ろうそくがあろうとなかろうと、どこにでも生じるものだ」から、 5 は④**everywhere が正解**とわかります。

次に、❹ **The main point of hygge is to live a life connected with loved ones** while making ordinary essential tasks meaningful and joyful. 「ヒュッゲの重要な点は、通常の不可欠な作業を意義のある喜ばしいものにする一方で、**最愛の人たちとつながりのある暮らしを送ることだ**」から、 3 は②**relationships が正解**とわかります。

問6

　最後の設問は、たいてい最終段落に解答の根拠が集中しているので、仮に問2〜5で
つまずいたとしても、気を持ち直して問6に進みましょう。❺ **Danish people willingly
pay from 30 to 50 percent of their income in tax. These high taxes pay for a good
welfare system that provides free healthcare and education.** 「デンマーク人は30〜
50％の所得税を進んで支払う。この高い税金が無料の医療や教育を提供する良い福祉
制度に使われる」から、④**が正解**。①は同文より不適、②は「生活必需品より人との交
わりにお金をかける」とは言っていないので不適、③は本文中に記述なし。

　続いて、問7の解説に進みます。問7の前には先読みの時間はありませんので、問6
まで解き終えたあとに残された時間で、できるところまで先読みします。

問7

◆先読み

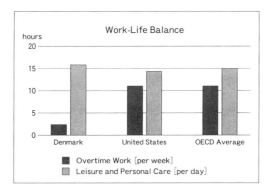

① People in Denmark do **less overtime work** while **maintaining their productivity**.

② People in Denmark **enjoy working more**, even though their **income is guaranteed**.

③ People in OECD countries are **more productive** because they **work more overtime**.

④ People in the US have an **expensive lifestyle** but the **most time for leisure**.

　グラフから、**デンマークの人は残業をせずに、余暇が充実している**とわかるので、①は正解の候補になりますが、②はおそらく不適と推測します。③はグラフと一部合致していますが、おそらく講義の趣旨には合わないと予測します。④は、グラフと反するので、おそらく不適と推測します。先読みでこれだけ多くのことがわかります。

読み上げられた英文

Here's a graph based on OECD data. **People in Denmark value private life over work**, but **it doesn't mean they produce less**. The OECD found that beyond a certain number of hours, working more overtime led to lower productivity. What do you think?

第1文 **People in Denmark value private life over work, but it doesn't mean they produce less.**「デンマークの人は仕事よりプライベートに価値を置くが、それによって生産性が低くなるわけではない」より、やはり①**が正解**とわかります。

設問と選択肢の訳

○ **世界幸福度調査**
・目的：幸福や健康②を支える持続可能な経済を促進するため
・スカンジナビア諸国：一貫して世界で最も幸福度が高い（2012年以降）
　　理由は？　⇒　**「ヒュッゲ」というデンマークのライフスタイル**
　　　　　　　　　↓ 2016年に世界中で広がる
○ **ヒュッゲの解釈**

	一般的なヒュッゲのイメージ	デンマークの本当のヒュッゲ
何	①品物	②関係性
どこで	③屋内で	④あらゆる場所で
どのような	特別なもの	普通のもの

問1
① 〜を超えた持続可能な開発目標
② 〜を支える持続可能な経済
③ 〜のための持続可能な自然環境
④ 〜に挑む持続可能な社会

問 2 〜 5

① 品物　　　　　　　② 関係性　　　　　　　③ 作業

④ あらゆる場所で　　⑤ 屋内で　　　　　　　⑥ 屋外で

問 6

① デンマーク人は、生活水準を維持するための高い税金に反対している。

② デンマーク人は、生活必需品より人と交わることにお金を費やす。

③ デンマーク人の収入は、ぜいたくな暮らしをすすめられるほど高い。

④ 自国の福祉制度のおかげで、デンマーク人は意義のある生活を送ることができる。

問 7

① デンマーク人は生産性を維持しながら、残業が少ない。

② デンマーク人は収入が保証されているけれども、もっと働くのを楽しんでいる。

③ OECD 加盟国の人は、より残業をするからより生産性がある。

④ アメリカ人は、お金のかかるライフスタイルだが、余暇に費やす時間が最も多い。

第6章

読み上げられた英文の訳

問 1 〜 6

　幸福とは何か？　私たちは幸せになって持続可能な発展を促進できるだろうか？ 2012 年以降、❶幸福や健康のために経済的な持続可能性への新しい方法を開発しようと、「世界幸福度調査」が国連組織によって公表されてきた。その報告によると、スカンジナビア諸国は一貫して世界で最も幸せな社会として位置づけられる。しかし、なぜ彼らはそんなに幸せなのか？　例えば、デンマークでは、余暇の時間はたいてい他人と過ごす。その種の環境でデンマーク人は幸せになれるが、それは H-Y-G-G-E と綴り、「ヒュッゲ」と呼ばれる伝統のおかげである。ヒュッゲとは、くつろぎや快適さを意味し、そして愛されているという感情を表す。

　この言葉は、マインドフルネスやウェルネスの解釈として、2016 年に世界中でよく知られるようになった。今や、ヒュッゲは商業化されるリスクに瀕している。しかし、❷ヒュッゲとはろうそくに照らされた部屋や手編みの毛布のある居心地の良い寝室のような、私たちが一般的なイメージで目にする物質的なものではない。❸本当のヒュッゲとはどんなところにでもあるもので、公的な場所でもプライベートな空間でも、屋内でも屋外でも、ろうそくがあってもなくても生じるものだ。❹ヒュッゲの重要な点は、

通常の不可欠な作業を意義のある喜ばしいものにする一方で、大好きな人たちとのつながりのある暮らしを送ることだ。

　ひょっとしたらデンマーク人は、基本的な生活必需品について心配がないために、暮らしの中の小さな「ヒュッゲ」というものに感謝するのがより上手なのかもしれない。❺デンマーク人は 30〜50 ％の所得税を進んで支払う。この高い税金が、無料の医療や教育を提供する良い福祉制度に使われる。一度生活の必要性が満たされると、お金が多いことは、それだけ幸せが増えることを保証するものではない。お金や有形財がアメリカのような一部の国では非常に評価されているようだけれども、デンマークの人は、人と交わることにより多くの価値を置く。それにもかかわらず、OECD によると、デンマークは平均以上の生産性がある。

問7

　こちらに OECD のデータに基づいたグラフがある。デンマーク人は、仕事よりプライベートな生活に価値を置くが、それは生産性が低くなることを意味しているわけではない。OECD によると、ある一定の時間を超えると、残業を多くするほど生産性が低くなるとわかっている。あなたはどう思うか？

重要語彙リスト

☐ well-being	名	健康
☐ consistently	副	一貫して
☐ interpretation	名	解釈
☐ sustainable	形	持続可能な
☐ challenge	動	挑む
☐ goods	名	品物、所有物
☐ relationship	名	関係性
☐ maintain	動	維持する
☐ less A than B	熟	A というよりむしろ B
☐ basic needs	名	生活必需品
☐ socialize	動	人と交わる
☐ income	名	収入
☐ luxury	名	ぜいたく
☐ welfare	名	福祉
☐ issue	動	発行する
☐ a United Nations organization	名	国連組織
☐ approach	名	方法
☐ for the sake of	熟	〜のために

☐ be ranked as	熟	〜に位置づけられる
☐ leisure	名	余暇
☐ thanks to	熟	〜のおかげで
☐ coziness	名	くつろぎ
☐ comfort	名	快適さ
☐ at risk	熟	リスクに瀕している
☐ appreciate	動	感謝する
☐ willingly	副	すすんで
☐ healthcare	名	医療
☐ Once S' V',	接	一度 S' が V' すると
☐ guarantee	動	保証する
☐ place A on B	熟	A を B に置く
☐ nevertheless	副	それにもかかわらず
☐ productivity	名	生産性

第6章

4

正解　問1　④　　問2　①　　問3　②

問4　⑤　　問5　④　　問6　②

問7　③

◆先読み

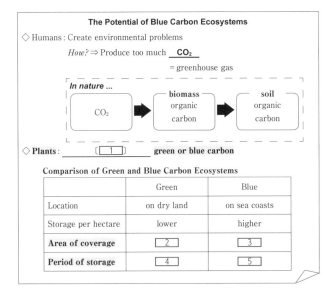

問1　ワークシートの空欄 ⎣ 1 ⎦ に入れるのに最も適切なものを、4つの選択肢（⓪〜④）のうちから1つ選びなさい。

⓪ **Break down organic carbon** called

② **Change carbon to** CO_2 **called**

③ **Produce oxygen and release** it as

④ **Take in** CO_2 **and store it** as

問2～5　ワークシートの空欄 2 ～ 5 に入れるのに最も適切なもの
を、6つの選択肢（①～⑥）のうちから1つずつ選びなさい。選択肢は2回
以上使ってもかまいません。

① larger　　　　② smaller　　　　③ equal

④ longer　　　　⑤ shorter　　　　⑥ unknown

問6　講義の内容と一致するものはどれか。最も適切なものを、4つの選択肢
（①～④）のうちから1つ選びなさい。

① **Necessary blue carbon ecosystems have been destroyed and cannot
be replaced**.

② **Ocean coastline ecosystems should be protected** to prevent further
release of CO_2.

③ **Recovering the ecosystem** of the entire ocean will **solve climate
problems**.

④ **Supporting fish life** is **important** for improving the blue carbon cycle.

第6章

　ワークシートでは、**問1**は**Plants**と**green or blue carbon をチェック**して、関連情
報がスタートしたら集中して聞き取ります。選択肢も**水色の帯**の情報を見ておきましょ
う。 2 ～ 5 は、**Green carbon** と **Blue carbon の違い**で、**Area of coverage**
「**カバーエリア（覆っている面積）**」と Period of storage「**貯蔵期間**」の情報を集中し
て聞き取ります。**問6**は、おそらく①、②あたりをチェックしていると、音声が始まる
ので、聞き取りに切りかえます。

読み上げられた英文

OK. What is blue carbon? You know, humans produce too much CO_2, a greenhouse gas. This creates problems with the earth's climate. But remember how trees help us by absorbing CO_2 from the air and releasing oxygen? Trees change CO_2 into organic carbon, which is stored in biomass. Biomass includes things like leaves and trunks. The organic carbon in the biomass then goes into the soil. This organic carbon is called "green" carbon. ❶**But listen! Plants growing on ocean coasts can also take in and store CO_2** as organic carbon in biomass and soil—just like trees on dry land do. That's called "blue" carbon.

Blue carbon is created by seagrasses, mangroves, and plants in saltwater wetlands. ❷**These blue carbon ecosystems cover much less surface of the earth than is covered by green carbon forests**. However, ❸**they store carbon very efficiently**— much more carbon per hectare than green carbon forests do. ❹**The carbon in the soil of the ocean floor** is covered by layers of mud, and **can stay there for millions of years**. ❺**In contrast, the carbon in land soil** is so close to the surface that it **can easily mix with air, and then be released as CO_2**.

Currently the **blue carbon** ecosystem is **in trouble**. For this ecosystem to work, it is **absolutely necessary** to **look after ocean coasts**. For example, large areas of mangroves are being destroyed. When this happens, ❻**great amounts of blue carbon are released back into the atmosphere as CO_2. To avoid this,**

ocean coasts must be restored and protected. Additionally, healthy coastline ecosystems will support fish life, giving us even more benefits.

問1

❶の **But Listen!** は**聞き手の注意を引き付ける表現**なので、何か重要なメッセージが来ると予測します。実際に次の文、**Plants** growing on ocean coasts can also **take in and store CO₂** as organic carbon in biomass and soil—just like trees on dry land do.「**海洋沿岸域で生息する植物も**、ちょうど乾燥地の樹木と同様に、**二酸化炭素をバイオマスや土壌の有機炭素として取り入れて貯蔵できる**」より、④**Take in CO₂ and store it as** が**正解**とわかります。

問2〜5

❷ **These blue carbon ecosystems cover much less surface of the earth than is covered by green carbon forests.**「これらのブルーカーボンの生態系は、グリーンカーボンの森林が覆うよりも、ずっと少ない範囲でしか地表を覆ってはいない」より、カバーエリアが **blue carbon ＜ green carbon の関係**であることがわかるので、
2 には①**larger**、 3 には②**smaller** が入るとわかります。

❹ **The carbon in the soil of the ocean floor** is covered by layers of mud, and **can stay there for millions of years.**「海底の土壌の炭素は泥の層で覆われており、何百万年もそこに居座ることができる」の、The carbon in the soil of the ocean floor は blue carbon を指す。一方で、❺ **In contrast, the carbon in land soil** is so close to the surface that it **can easily mix with air, and then be released as CO₂.**「対照的に、陸地の土壌にある炭素は、地表にとても近いので、簡単に大気と混ざり合い、二酸化炭素として放出されてしまう」の the carbon in land soil は green carbon を指す。よって、
4 は⑤**shorter**、 5 は④**longer** が正解。

問6

When this happens, ❺great amounts of blue carbon are released back into the atmosphere as CO_2. To avoid this, ocean coasts must be restored and protected. 「これが起きると、大量のブルーカーボンが二酸化炭素となって大気中に放出されてしまう。これを避けるには、海洋沿岸域を回復して保護しなければならない」より、最初の this がマングローブの破壊を指して、**2つ目の this が「大量のブルーカーボンが CO_2 として大気中に放出されること」を指す**とわかります。よって、②**Ocean coastline ecosystems should be protected to prevent further release of CO_2.** が正解。

不正解の選択肢を見ていくと、①は❺より**「海洋沿岸域を回復して保護する」**ことでブルーカーボンの生態系を守ることができるとあるので、**cannot be replaced** の記述が誤り。

③は、第1段落の内容より、**樹木のグリーンカーボンと海洋のブルーカーボンを回復することが温室効果ガスの削減に役立つ**とわかります。**海洋の生態系の回復だけで解決とはならない**ので不適。

④は、最終段落最終文の、**沿岸域の生態系を回復するという「手段」で、魚の生活を支えるという「目的」を達成する**という記述に対して、**「手段」と「目的」が逆になっている**ので不適。

続いて、問7の解説に移ります。

問7

◆先読み

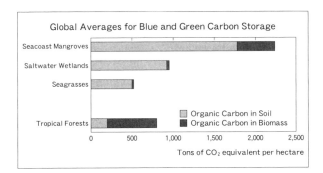

① **Saltwater wetlands release CO₂ more easily from soil** than from biomass.

② **Seacoast mangroves release less CO₂ from layers of mud** than from biomass.

③ **Seagrasses offer more efficient long-term carbon storage in soil** than in biomass.

④ **Tropical forests are ideal** for **carbon storage** due to their biomass.

　グラフを先読みすると、Seacoast Mangroves／Saltwater Wetlands／Seagrasses で Organic Carbon in Soil が豊富な一方、Organic Carbon in Biomass が少なくて、Tropical Forests だけが Organic Carbon in Biomass の方が豊富だとわかります。グラフからは、**Carbon Storage「炭素貯蔵量」**しか読み取れないので、①、②のような CO₂ 放出量ではなくて、③、④の **carbon storage が問題になると推測**して、残りの音声に集中します。

読み上げられた英文

　Look at this graph, which compares blue and green carbon storage. Notice how much organic carbon is stored in each of the four places. The organic carbon is stored in soil and in biomass but in different proportions. What can we learn from this?

　実は、共通テストのこの問題形式では、音声に左右されずに、図表の読み取りだけで正解を導けることがあります。やはり、先読みの通り③、④に正解の候補を絞ります。グラフより **Seagrasses は土壌の方がバイオマスより有機炭素の貯蔵量が多く**、前半の講義の❸や❹からも**海底の土壌は効率良く、長期間炭素を貯蔵できる**ことがわかるため、③**Seagrasses offer more efficient long-term carbon storage in soil than in biomass.「海草は、バイオマスよりも土壌でより効率の良い長期間の二酸化炭素の貯蔵を可能にする」が正解**になります。④はグラフより Tropical forests は、炭素貯蔵量が4ヵ所中3位なので、貯蔵するのに ideal「理想的」とは言えないため不適です。

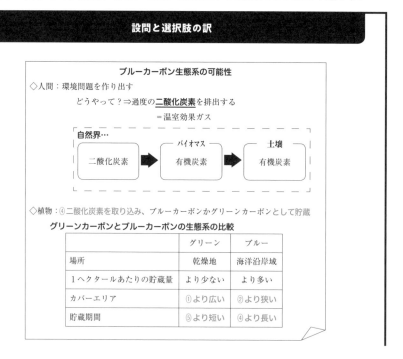

設問と選択肢の訳

ブルーカーボン生態系の可能性

◇人間：環境問題を作り出す

　　　どうやって？⇒過度の<u>二酸化炭素</u>を排出する

　　　　　　　　　　＝温室効果ガス

自然界…

| 二酸化炭素 | ➡ | バイオマス
有機炭素 | ➡ | 土壌
有機炭素 |

◇植物：④二酸化炭素を取り込み、ブルーカーボンかグリーンカーボンとして貯蔵

グリーンカーボンとブルーカーボンの生態系の比較

	グリーン	ブルー
場所	乾燥地	海洋沿岸域
1ヘクタールあたりの貯蔵量	より少ない	より多い
カバーエリア	①より広い	②より狭い
貯蔵期間	③より短い	④より長い

問1

① ～と呼ばれる有機炭素を分解する

② 炭素を～と呼ばれる二酸化炭素に変える

③ 酸素を作り、～としてそれを放出する

④ 二酸化炭素を取り込み、～としてそれを貯蔵する

問2〜5

① より広い　　② より狭い　　③ 等しい

④ より長い　　⑤ より短い　　⑥ 未知の

問6

① 必要とされているブルーカーボンの生態系が壊されていて、替えがきかない。

② 海洋沿岸域の生態系は、二酸化炭素のさらなる放出を防ぐために保護されるべきだ。

③ 海洋全体の生態系を回復することで、気候問題が解決されるだろう。

④ 魚の生活を支えることは、ブルーカーボンのサイクルを改善するのに重要だ。

問7

① 海水の湿地帯は、バイオマスよりも土壌の方がより簡単に二酸化炭素を放出する。

② 海洋沿岸域のマングローブは、泥の層よりもバイオマスの方が二酸化炭素を放出する。

③ 海草は、バイオマスよりも土壌でより効率の良い長期間の二酸化炭素の貯蔵を可能にする。

④ 熱帯雨林は、バイオマスのおかげで炭素の貯蔵に理想的だ。

第6章

読み上げられた英文の訳

問1〜6

　では、始めます。ブルーカーボンとは何か？　ご存じの通り、人間はあまりに多くの二酸化炭素、そして温室効果ガスを産み出している。このことが、地球の気候に関する問題を作り出している。しかし、樹木が空気中から二酸化炭素を吸収して、酸素を放出するおかげで、私たちを助けてくれていることを思い出しなさい。樹木が二酸化炭素を有機炭素に変えて、それがバイオマスに貯蔵される。バイオマスの中には、葉や幹のようなものも含まれる。それから、バイオマスの有機炭素が土壌に流れこむ。この有機炭素が"グリーン"カーボンと呼ばれる。❶しかし、注目してください！　海

洋沿岸域で生息する植物も、ちょうど乾燥地の樹木と同様に、二酸化炭素をバイオマスや土壌の有機炭素として取り入れて貯蔵できる。それが"ブルー"カーボンと呼ばれるものだ。

　ブルーカーボンは、海草、マングローブ、海水の湿地帯にある植物によって作られる。❷これらのブルーカーボンの生態系は、グリーンカーボンの森林が覆うよりも、ずっと少ない範囲でしか地表を覆ってはいない。しかし、❸ブルーカーボンは、グリーンカーボンの森林よりも、1ヘクタールにつきずっと多くの炭素を非常に効率良く貯蔵する。❹海底の土壌の炭素は、泥の層で覆われており、何百万年もそこに居座ることができる。❺対照的に、陸地の土壌にある炭素は、地表にとても近いので、簡単に大気と混ざり合い、二酸化炭素として放出されてしまう。

　現在、ブルーカーボンの生態系は問題を抱えている。この生態系が機能するには、海洋沿岸域をケアすることが絶対に必要だ。例えば、マングローブの広大な部分が破壊されつつある。こういうことが起きると、❻大量のブルーカーボンが二酸化炭素となって大気中に放出されてしまう。これを避けるには、海洋沿岸域を回復して保護しなければならない。さらに、健全な沿岸域の生態系は、魚の生活を支えて、私たちにさらに多くのメリットを与えてくれる。

問7

　このグラフを見てください。ブルーカーボンとグリーンカーボンの貯蔵量が比較されています。どれくらいの（量の）有機炭素がそれぞれの4つの場所に蓄えられているかに注目しなさい。有機炭素は土壌やバイオマスに、異なる割合ではあるが貯蔵される。このことから私たちは何を学習できるか？

重要語彙リスト		
☐ greenhouse gas	名	温室効果ガス
☐ climate	名	気候
☐ absorb	動	吸収する
☐ release	動	解放する
☐ oxygen	名	酸素
☐ change A into B	熟	A を B に変える
☐ organic carbon	名	有機炭素
☐ store	動	貯蔵する
☐ biomass	名	バイオマス（再生可能な、生物由来の有機的資源）
☐ include	動	含む
☐ trunk	名	幹
☐ soil	名	土壌

☐ take in	熟	～を取り込む
☐ seagrass	名	海草
☐ wetland	名	湿地
☐ ecosystem	名	生態系
☐ cover	動	覆う
☐ surface	名	表面
☐ efficiently	副	効率良く
☐ layer	名	層
☐ mud	名	泥
☐ in contrast	熟	対照的に
☐ currently	副	現在
☐ absolutely	副	絶対的に
☐ look after	熟	～の世話をする
☐ destory	動	破壊する
☐ atmosphere	名	大気
☐ restore	動	回復させる
☐ protect	動	保護する
☐ additionally	副	さらに
☐ proportion	名	割合

第6章

5

正解　　問1　①　　問2　①

◆先読み

問1　What time was the flight originally scheduled to depart from Tokyo to Vancouver?

① 6:30 p.m.　　② 7:00 p.m.　　③ 7:15 p.m.　　④ 7:30 p.m.

問2　When will the in-flight entertainment service begin?

① After the announcement.
② After the beverage service.
③ After the dinner service.
④ After the duty-free service.

　問1の先読みから、**東京発バンクーバー着のフライトが変更されたことがわかり、その元の時刻**を集中して聞き取ります。選択肢は、時刻を示しているだけなので、軽く目を通すだけでいいでしょう。**問2**は、**機内エンターテインメントサービスが始まるタイミングが問題**になっています。After the までは共通なので無視して、後ろの**announcement ／ beverage ／ dinner ／ duty-free** だけチェックしておきましょう。それでは、読み上げられた英文を見ていきましょう。

Good evening, ladies and gentlemen. On behalf of Air Canada I'd like to welcome you aboard flight 99 from Tokyo to Vancouver. ❶**We apologize for the 30-minute delay to our original departure time of 6:30 p.m.** Even though we departed at 7:00 p.m., we still anticipate arriving on time at 11:30 a.m. local time in Vancouver. Our flight time is normally about 9 hours, but we have clear skies and anticipate making up lost time. For your reference, it is currently 7:15 p.m. Tokyo time and 3:15 a.m. Vancouver time.

The cabin crew will be coming around shortly to offer you a choice of drinks from our beverage service. Soon after, a choice of hot meals will be offered during our dinner service. Following your meal, our duty-free shopping service will begin. Duty-free items can be found in your duty-free shopping catalogue in the backrest of the seat in front of you. A few hours prior to landing, we will be serving a light breakfast, and our cabin crew will then pass out the immigration forms that you will need to fill in prior to entering Canada. ❷**Finally, the in-flight entertainment service will be available immediately after this announcement**. If we can do anything to make your flight more enjoyable, please do not hesitate to ask.

問1

3文目の発言❶ **We apologize for the 30-minute delay to our original departure time of 6:30 p.m.**「元の出発時刻の午後 6:30 から 30 分遅れたことをお詫び申し上げます」から、①が正解。

問2

　続いて、最後から2文目の発言❷ **Finally, the in-flight entertainment service will be available immediately after this announcement.**「最後に、機内エンターテインメントサービスはこのアナウンスの直後に利用できるようになります」から①**が正解**。

　飛行機のアナウンスでよく使われる表現をまとめます。

POINT 53　　機内アナウンスでよく使う英語表現　　表現

① **on behalf of**「〜を代表して」
② **Welcome aboard flight A from B to C.**
　「B発C行のA便にご搭乗いただき、ありがとうございます」
③ **Please make sure that your seat belt is securely fastened.**
　「シートベルトをしっかり締めるようにご確認ください」
④ **departure time**「出発時刻」／ **arrival time**「到着時刻」
⑤ **flight time**「飛行時間」
⑥ **local time**「現地時間」
⑦ **cabin crew**「客室乗務員」
⑧ **duty-free items**「免税品」
⑨ **backrest**「背もたれ」
⑩ **immigration forms**「入国管理票」
⑪ **in-flight entertainment service**「機内のエンターテインメントサービス」

---

　①の **on behalf of**「〜を代表して」は、**captain**「機長」が使う表現で、本問のように「航空会社を代表して」と使われます。②はどの機内アナウンスでも類似の表現が使われるので、何度も音読して慣れておくことで、本番も動じることなく聞き取ることができるようになります。**aboard** は「**搭乗して**」という意味です。③は本問では読まれていませんが、機内アナウンスの定番です。**make sure that 〜** は「**〜を確認する**」です。**fasten**「**締める**」が受動態で be fastened となります。fasten の t は黙字と言って、発音されないことに注意しましょう。

④～⑥は、飛行機にまつわる様々な時間で、本問で登場したように定番なので、**departure time** や **flight time** と聞こえてきたら、何を意味するのかがすぐにわかるように、何度も音読しておきましょう。

設問と選択肢の訳

問1　この便は元々、東京からバンクーバーに何時に出発する予定だったか？

① 午後6時半。　　② 午後7時。　　③ 午後7時15分。　　④ 午後7時半。

問2　機内エンターテインメントサービスはいつ始まるか？

① アナウンスの後。
② ドリンクサービスの後。
③ ディナーサービスの後。
④ 免税品サービスの後。

読み上げられた英文の訳

　ご搭乗の皆様、こんばんは。カナダ航空を代表して、東京発バンクーバー行の99便にご搭乗いただき誠にありがとうございます。❶元の出発時刻の午後6：30から30分遅れたことをお詫び申し上げます。午後7時に出発しましたが、バンクーバーの現地時間午前11：30に予定通り到着する見込みでございます。飛行時間は、通常通りですと、およそ9時間かかりますが、本日は晴天なので、遅れた時間を取り戻せると考えています。参考までに、現在東京の時刻は午後7：15、バンクーバーの時刻は午前3：15です。

　客室乗務員は、まもなくドリンクサービスで、お飲み物の種類を伺いに参ります。その後に、ディナーサービスとして、温かいお食事を数種類のうちからお選びいただきます。食事の後に、免税品の販売を行います。免税品は、お客様の前方の席の背もたれのショッピングカタログにてご覧になれます。ご到着の数時間前に、軽い朝食をお出しします。客室乗務員が、カナダ入国前に記入が必要な入国管理票をお渡しします。❷最後に、機内エンターテインメントサービスは、当アナウンスの直後に利用できるようになります。皆様の旅をより良いものにするのにできることがございましたら、遠慮なくお申しつけください。

重要語彙リスト

☐ be scheduled to *do*	熟	〜する予定だ
☐ on behalf of	熟	〜を代表して
☐ welcome	動	歓迎する
☐ aboard	副	（飛行機に）搭乗して
☐ flight	名	便
☐ apologize	動	謝罪する
☐ delay	名	遅延
☐ original	形	元々の
☐ departure time	名	出発時刻
☐ anticipate	動	予期する
☐ local time	名	現地時間
☐ flight time	名	飛行時間
☐ normally	副	通常は
☐ for your reference	熟	参考までに
☐ currently	副	現在
☐ cabin crew	名	客室乗務員
☐ shortly	副	まもなく
☐ beverage	名	飲み物
☐ soon after	熟	その直後に
☐ duty-free	形	免税の
☐ backrest	名	背もたれ
☐ prior to	熟	〜以前に
☐ land	動	着陸する
☐ serve	動	（食事を）出す
☐ pass out	熟	〜を配る
☐ immigration form	名	入国管理票
☐ fill in	熟	記入する
☐ in-flight	形	機内の
☐ entertainment	名	娯楽
☐ available	形	利用できる
☐ immediately	副	すぐに
☐ announcement	名	アナウンス
☐ do not hesitate to *do*	熟	遠慮なく〜する

6

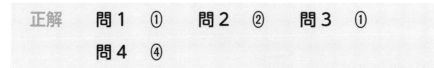

正解　問1　①　　問2　②　　問3　①
　　　　問4　④

◆先読み

問1

① Effort.　　　　　　　　② Family history.

③ Religion.　　　　　　　④ Where people come from.

問2

① A reward for **family history**.

② A reward for **hard work**.

③ Proof of **blue-collar jobs**.

④ Proof of **good luck**.

問3

① Having become **successful** by their own **efforts**.

② Having come from **rich countries**.

③ Having had **good luck**.

④ Having had **money** given to them from their **parents**.

問4

① By the person's **accent**.

② By the person's **religion**.

③ It depends on **where the person is from**.

④ It can be **hard to tell**.

　問 2 や問 3 の先読みから、**成功するのに勤勉さや努力が必要か、それとも家系か単な**
る運によるものかといったテーマなのかと推測できます。それでは、読み上げられた英
文を見ていきましょう。

読み上げられた英文と設問

　Many Americans say with pride that there are no class differences in the US, but this is not really true. Class differences exist, ❶**but social mobility is possible with hard work**. ❷**The American dream is based on people's ability, provided they use enough effort, to reach any goal**. But the goal is not to reach the upper classes, and most Americans like to think that they are middle-class.

　The key to the American class system is money. Anyone can live in a pleasant house in a good area of town and send their children to a top university if they have enough money. Money is obtained through hard work, and so ❸**a high social class is seen as a reward for effort, not something that depends on family history**. ❹**People who improve their social position are proud of being self-made men or women**, but those who come from rich families are thought to have an unfair advantage.

　❺**It can be difficult to know what social class an American belongs to**. A person's **accent** does **not usually indicate class**, merely the part of the country they come from. **Even people** with a **lot of money** send their children to **state-run schools**, and **people** who do **blue-collar jobs** encourage their **children** to get a **good education** and to become **lawyers, doctors**, and so forth.

Questions

No. 1 **What enables** people to move up to **higher social positions** in the United States?

No. 2 **What** is **having high social class** considered in the United States?

No. 3 **What** are **people who improve their social position proud** of?

No. 4 **How** can people usually **know what social class** an American **belongs** to?

問1

What enables people to move up to higher social positions in the United States?「アメリカでは、何によって人はより高い社会的地位へとのぼっていけるのか？」は、第１段落第２文、第３文を参照。❶ **but social mobility is possible with hard work.**「社会移動は勤勉によって可能だ」、❷ **The American dream is based on people's ability, provided they use enough effort, to reach any goal.**「アメリカンドリームは、十分に努力すれば、いかなる目標にも到達できるという人の能力に基づいている」から、① **Effort.**「努力」が正解。❶ **social mobility**「社会移動」が、Question では **move up to higher social positions** にパラフレーズされており、**hard work** が①の **Effort** に言い換えられていることに注意しましょう。

　第１段落第１文 **Many Americans say ... , but this is not really ture.** の論理展開が、**一般論→逆接→筆者の主張**になっているので、紹介します。

POINT 54　一般論→逆接→筆者の主張

Many people think や **Most people believe** は一般論の目印で、
その後に**逆接**を伴って**主張が来る合図**になることに注意する!!

Many people think や Most people believe は、**一般論の目印**になり、**その後に but や however の逆接**を伴って、**後ろに筆者の主張が来る合図**になります。本文でも、**Many Americans say** with pride that there are no class differences in the US, 「多くの人が誇りをもってアメリカに階級差は存在しないと言う」と一般論が最初に来て、**逆接の but** を挟んで、this is not really true「これは実際には真実ではない」という主張が展開されていることに注意しましょう。

問2

What is having high social class considered in the United States?「アメリカで、社会的地位が高いとは、何であると考えられているか？」は、第2段落第3文を参照。Money is obtained through hard work, and so ❸**a high social class is seen as a reward for effort, not something that depends on family history**.「お金は勤勉を通じて獲得できるので、**高い社会的地位は、家系に左右されるものではなくて、努力への報酬とみなされる**」から、②**A reward for hard work.**「勤勉への報酬」が正解。

問3

What are people who improve their social position proud of?「社会的地位を高めた人は何に誇りを持つか？」は、第2段落第4文を参照。❹**People who improve their social position are proud of being self-made men or women**「社会的地位を高めた人は、自らの手で成り上がったことを誇りに思う」から、①**Having become successful by their own efforts.**「自分の努力で成功すること」が正解。

問4

How can people usually know what social class an American belongs to?「あるアメリカ人がどの社会階級に属しているかを、どうやって人は通常判断するか？」は、第3段落第1文を参照。❺**It can be difficult to know what social class an American**

belongs to. 「アメリカ人がどの社会階級に属しているのかを判断するのは難しいことがある」から、④It can be hard to tell.「判断するのが難しいことがある」が正解。本文の difficult が選択肢では hard に、本文の know が選択肢では tell に言い換えられていることに注意しましょう。

読み上げられた英文の訳

　多くの人がアメリカに階級差は存在しないと誇りをもって言うが、これは実際には真実ではない。階級差は存在するが、❶社会移動は勤勉によって可能であるということだ。❷アメリカンドリームは、十分に努力すれば、いかなる目標にも到達できるという人の能力に基づいている。しかし、その目標は上流階級に到達することではなくて、ほとんどのアメリカ人は自らを中流階級と考えるのが好きである。

　アメリカの階級システムで重要なのは、お金である。十分なお金があれば、誰でも街中の良い地域の快適な家で暮らすことができて、子どもをトップの大学へと進学させることができる。お金は勤勉を通じて獲得できるので、❸高い社会的地位は、家系に左右されるものではなくて、努力への報酬とみなされる。❹社会的地位を高めた人は、自らの手で成り上がったことを誇りに思うが、裕福な家庭出身の人は、不公平に優遇されていると考えられている。

　❺アメリカ人がどの社会階級に属しているのかを判断するのは難しいことがある。その人の訛(なま)りでは、階級は通常わからないし、どの地域の生まれかがわかるだけだ。たくさんお金を持っている人ですら、子どもを公立校に進学させたり、肉体労働に従事する人も子どもに良い教育を受けさせて、弁護士、医者などにさせたりすることもある。

質問

問1　アメリカでは、何によって人はより高い社会的地位へとのぼっていけるのか？

問2　アメリカで、社会的地位が高いとは、何であると考えられているか？

問3　社会的地位を高めた人は何に誇りを持つか？

問4　あるアメリカ人がどの社会階級に属しているかを、どうやって人は通常判断するか？

選択肢の訳

問1

① 努力。

② 家系。

③ 宗教。

④ 人の出身地。

問2

① 家系への報酬。

② 勤勉への報酬。

③ 肉体労働者の証拠。

④ 幸運の証拠。

問3

① 自分の努力で成功すること。

② 豊かな国の出身であること。

③ 幸運を持っていること。

④ 親から与えられたお金を持っていること。

問4

① その人の訛りによって。

② その人の宗教によって。

③ どこの出身かに左右される。

④ 判断するのが難しいことがある。

重要語彙リスト

☐ class differences	名	階級差
☐ social mobility	名	社会移動
☐ be based on	熟	～に基づいている
☐ provided	接	もし～なら
☐ effort	名	努力
☐ reach	動	到達する
☐ upper class	名	上流階級
☐ key	名	重要なこと
☐ pleasant	形	快適な
☐ obtain	動	獲得する
☐ be seen as	熟	～とみなされる
☐ reward	名	報酬
☐ depend on	熟	～に左右される

☐ social position	名	社会的地位
☐ self-made	形	自分の手で成功した
☐ unfair	形	不当な
☐ advantage	名	利点
☐ belong to	熟	～に所属する
☐ accent	名	訛り
☐ indicate	動	示す
☐ merely	副	単に～
☐ state-run	形	公立の
☐ blue-collar	形	肉体労働の
☐ encourage O to *do*	熟	O を～するように促す
☐ ～ and so forth	熟	～など

第6章

7

正解	問1 C	問2 C	問3 D
	問4 A	問5 C	

　設問も選択肢も書かれていないので先読みが使えなくなりますが、英文と質問が2回読まれるので、1回目はメモを取りながら英文を理解して、**質問の聞き取りに集中**します。**2回目の英文の読み上げが最も集中力を要する瞬間**と理解して、質問を解いていきましょう。

読み上げられた英文と設問

　When I was a child growing up on my family's farm, I never imagined that someday I'd be living all alone in the city. But here I am, right in the middle of Kobe. And while I don't miss the inconvenience of the countryside, **❶I do miss** the slower lifestyle, the fresh food, **green spaces**, and quiet countryside. I also miss working outside, especially in the garden, so I recently decided to join my apartment building's roof-top garden club.

　❷It consists of a dozen members, including myself. **❸Each of us** gets to manage a space of **two square meters**, and the fee we have to pay is only two thousand yen a month.

　We're only allowed to grow vegetables, so I decided to plant onions and carrots in the outside rows, and **❹tomatoes and cucumbers in the middle** since they grow taller. And some of the other members grow things as large as potatoes and even pumpkins! I really enjoy spending time in my little garden, especially on the weekends. It helps me to relax after a long week at work. And while **❺I get the most satisfaction from growing my own food**, I also enjoy getting some exercise, saving some money, and getting to know my neighbors.

As you can tell, **❻I really enjoy spending time in my roof-top garden**. So if you don't mind getting your hands dirty, I'd highly recommend that you start one of your own!

Questions

No. 1 **What does the speaker miss about the countryside?**

A. His family.   B. Living alone.

C. Green spaces.   D. Working out for fitness.

No. 2 **How many square meters in total is the size of the apartment building's roof-top garden?**

A. 12.   B. 13.   C. 24.   D. 26.

No. 3 **Which vegetable does the speaker grow in the center of his garden?**

A. Onions.   B. Carrots.   C. Potatoes.   D. Tomatoes.

No. 4 **What does the speaker get the most satisfaction from?**

A. Growing his own food.   B. Getting some exercise.

C. Saving money.   D. None of these three.

No. 5 **Which word best describes the speaker's feeling about his roof-top garden?**

A. Hopeful.   B. Expectant.

C. Gratified.   D. Confident.

問1

Question の **miss** をしっかり聞き取り、**「田舎の何を恋しく思うか？」** に集中して聞き取ります。すると、第1段落❶**I do miss** the slower lifestyle, the fresh food, **green spaces**, and quiet countryside.「私は、もっとゆっくりしたライフスタイルや、新鮮な食べ物、**緑地**、そして静かな田舎**を本当に恋しく思う**」から、**C が正解**となります。

問2

第2段落❷**It consists of a dozen members**「それ（屋上菜園クラブ）は12人のメンバーからなる」、❸**Each of us** gets to manage a space of **two square meters**「それぞれ2平方メートルのスペースを管理するようになる」から、12×2＝24 となるので、**C が正解**。

問3

第3段落 I decided to plant onions and carrots in the outside rows, and ❹**tomatoes and cucumbers in the middle** since they grow taller.「私は外側で玉ねぎやニンジンを植えようと決めて、**トマトやキュウリ**は背高く成長するので、**真ん中に植えることにした**」から、**D が正解**。

問4

第3段落❺**I get the most satisfaction from growing my own food**「自分の食べ物を栽培することから最も満足感を得ている」から、**A が正解**。

問5

最終段落❻**I really enjoy spending time in my roof-top garden.**「私は屋上菜園で時間を過ごすことを本当に楽しんでいる」から、**C．Gratified.「喜んで」が正解**。A．Hopeful「希望に満ちた」、B．Expectant「期待して」、D．Confident「自信を持って」よりも、enjoy に近いのは C になる。

読み上げられた英文の訳

　私が子どものころに家族の農場で育てられていたとき、いつの日か都会で全くの1人で暮らすことになるとは想像もできなかった。しかし現在私は神戸のちょうど中心にいる。そして、田舎の不便さを恋しくは思わないが、もっとゆっくりしたライフスタイル、新鮮な食べ物、**❶**緑地、そして静かな田舎を本当に恋しく思う。外に出て作業すること、特に庭仕事も恋しく思うので、住んでいるアパートの屋上菜園クラブに入会することに最近決めた。

　❷それ（屋上菜園クラブ）は私を含めた12人のメンバーからなる。**❸**それぞれ2平方メートルのスペースを管理するようになるので、支払う費用は、月にたったの2千円だ。

　野菜の栽培しか認められていないので、外側で玉ねぎやニンジンを植えようと決めて、**❹**トマトやキュウリは背高く成長するので真ん中に植えることにした。他のメンバーの中には、じゃがいもやカボチャのような大きなものを栽培する者もいる。私は特に週末に、自分の小さな菜園で過ごす時間を本当に楽しんでいる。そのおかげで、仕事の長い1週間の後にリラックスできる。また、**❺**自分の食べ物を栽培することから最も満足感を得ている一方で、運動やお金の節約、そして隣人と知り合いになったりして、それもまた楽しんでいる。

　おわかりの通り、**❻**私は屋上菜園で時間を過ごすことを本当に楽しんでいる。だから手が汚れるのが嫌でないなら、あなたも自分の菜園を始めるのをぜひおすすめする。

設問と選択肢の訳

問1　話者は田舎の何を恋しく思うか？
　A. 彼の家族。　　　　　　　　　　B. 1人暮らし。
　C. 緑地。　　　　　　　　　　　　D. 健康のため運動すること。

問2　アパートの屋上菜園の大きさは、合計で何平方メートルか？
　A. 12。　　　B. 13。　　　C. 24。　　　D. 26。

問3　話者は菜園の真ん中で、どの野菜を栽培しているか？
　A. 玉ねぎ。　　B. ニンジン。　　C. じゃがいも。　　D. トマト。

問4　話者は何から最も満足感を得ているか？
　A. 自分の食料を栽培すること。　　B. 運動をすること。
　C. お金を節約すること。　　　　　D. 上記3つのいずれでもない。

問5 どの言葉が屋上菜園に関する話者の感情を一番よく表しているか？

A. 希望に満ちた。　　　　　　　　B. 期待して。

C. 喜んで。　　　　　　　　　　　D. 自信を持って。

重要語彙リスト

☐ right in the middle of ～	熟	～のちょうど真ん中に
☐ inconvenience	名	不便さ
☐ countryside	名	田舎
☐ miss	動	～を恋しく思う
☐ green spaces	名	緑地
☐ especially	副	特に
☐ roof-top	形	屋上の
☐ consist of	熟	～からなる
☐ dozen	形	12 の
☐ including	前	～を含んで
☐ get to *do*	熟	～するようになる
☐ manage	動	管理する
☐ square meters	名	平方メートル（m²）
☐ fee	名	料金
☐ be allowed to *do*	熟	～することが許される
☐ plant	動	植える
☐ row	名	列
☐ cucumber	名	キュウリ
☐ pumpkin	名	カボチャ
☐ satisfaction	名	満足感
☐ exercise	名	運動
☐ neighbor	名	隣人
☐ highly	副	非常に
☐ recommend	動	すすめる

8

問1　自分が人からしてもらいたいように、人にしてあげなさいというルール。

問2　父親は、娘の悲しみは簡単に解決できると考え、娘の部屋に行って、その悲しみは大したことではなく、ペットショップでまた新しいハムスターを買えばいいと伝えた。

問3　単に自分がしてもらいたいように娘に接しただけで、娘が必要としていたのは、自分の悲しみを理解し、慰めてくれる父親であるということを理解していなかったこと。

問4　人がしてもらいたいと思うようにその人にしてあげなさいというルール。

問5　筆者は親として3人目の子育てを通じてプラチナルールを学んだ。最初の2人の子に通じた子育てのやり方が、3人目には通用しなかったことで、そのルールを学んだ。

設問は日本語ですが、当然先読みをして、**問1**は **The Golden Rule**、**問2**は**ハムス**
ターの死の知らせを聞いた父親の反応、**問3**は**父親の間違った対応**、**問4**は **The**
Platinum Rule、**問5**は **The Platinum Rule を学んだときと学んだ方法**を集中して聞き
取ります。それでは、読み上げられた英文を見ていきましょう。

読み上げられた英文

All through our lives, we have been taught to adhere to **❶the**
Golden Rule: **Do unto others as you would have them do unto**
you. It is an old and time-tested rule that still has a great deal of
application today. Many of us teach it to our children when we
remind them not to hit their sibling because they wouldn't want
their sibling hitting them.

But while the Golden Rule does put others first, it can fall short.
For example, just because I like flowers as a gift, that doesn't
mean you like them. Just because I like lots of detail when
communicating with others, doesn't mean you do.

A good example that demonstrates the different types of
problems the Golden Rule can cause is illustrated in the following
story I once heard of a less-than-sensitive dad: Upon coming home
from work one day, the father greeted his distraught wife. She
relayed to him the sad news that their daughter's hamster had
passed away and that she had been crying in her room for most of
the day. **❷The father thought it was an easy solution and went**
to his daughter's room to share that it was not that big of a
deal and that they could simply get a new hamster at the local
pet store for $7! As you can imagine, the mother was not very

happy with her husband.

In this story, **❸ the father was simply responding as he would like someone to respond to him** (just like the Golden Rule says). To him, it was an easy and fixable solution. **But of course, what the daughter needed wasn't another hamster; she needed a father who simply understood how she felt and could console her**. Unfortunately, these types of misunderstandings are not uncommon in families or on teams.

Can you see where living completely by the Golden Rule could become a problem in relationships and why treating teammates the way you would want to be treated can sometimes cause issues? If you subscribe only to the Golden Rule, you are approaching every relationship from your perspective, assuming that everyone is just like you. It can ⋯ and often does ⋯ backfire.

Instead of always doing unto others as you would have them do unto you, it is wise to also live by another type of Rule: **❹ The Platinum Rule. This states, "Do unto others as they want to be done unto."** The Platinum Rule is an "others first" rule; it is a selfless rule.

Let's use our previous Golden Rule examples and switch to using the Platinum Rule. Instead of getting flowers for a teammate, stop and think, "Is that something they really like? Are flowers a gift that would make them really happy?" Instead of including every single detail when talking to your teammate, stop and ask, "Do they really want to hear all of this?"

People are too unique to live by the Golden Rule. No one sees the world the same way you do, and when we think that they do, we come up short more often than not.

[6]I learned the value of the Platinum Rule through one of my earliest leadership roles : **being a parent. [6]With my first two children, I parented both of them the way I believed all kids should be raised.** With these two kids, it felt like **my parenting style was working**.

[7]Then came child number three. I tried to raise him the same way I had the other two, but I wasn't as successful. He was **stubborn**, and the harder I tried, the more stubborn he became. I quickly learned that **[8]I would have to take a very different approach** to raising him than I did with the other two and that it would require a great deal of **patience** as well!

When you try to understand your teammates, you build stronger relationships on your team. Have you ever thought, "Wow, that person really gets me"? Odds are that person gets you because they are living the Platinum Rule, which requires you to regularly think about others first and put your teammates' needs ahead of your own. It is a powerful concept once you figure out what each teammate's needs are.

問1

第1段落❶ the Golden Rule: Do unto others as you would have them do unto you.「ゴールデンルール。それは、あなたが他人にしてもらいたいように、他人に接しなさいということだ」から、自分がしてもらいたいように他人にしてあげるというルールが正解。unto は古い英語で「〜に」の意味。文脈から推測して、日本語を作りましょう。

問2

第3段落❷ The father thought it was an easy solution and went to his daughter's room to share that it was not that big of a deal and that they could simply get a new hamster at the local pet store for $7!より「父親は、娘の悲しみは簡単に解決できると考え、娘の部屋に行って、その悲しみは大したことではなく、ペットショップでまた新しいハムスターを買えばいいと伝えた」が正解。

問3

第4段落❸ the father was simply responding as he would like someone to respond to him (just like the Golden Rule says).… But of course, what the daughter needed wasn't another hamster; she needed a father who simply understood how she felt and could console her.「父親は自分が人にしてもらいたいように反応した（ゴールデンルールが言うように）。…しかしもちろん、娘が必要としていたのは新しいハムスターではなくて、彼女の気持ちをただ単にわかってくれて、彼女を慰めてくれる父親だった」から、まとめると、単に自分がしてもらいたいように娘に接しただけで、娘が必要としていたのは、自分の悲しみを理解して、慰めてくれる父親であるということを理解していなかったことが正解。

問4

第6段落❹ The Platinum Rule. This states, "Do unto others as they want to be done unto."「プラチナルールとは、『人がやってもらいたいと望むようにしてあげなさい』というものだ」から、人がしてもらいたいと思うようにその人にしてあげなさいというルールが正解。

問5

　第9段❺・❻および第10段❼・❽より、筆者は親として3人目の子育てを通じて、プラチナルールを学んだことがわかります。これが質問の**「いつ」**に対する答えです。続いて、**「どのように」**に対しては、最初の2人の子に通じた子育てのやり方が、3人目には通用しなかったことで、そのルールを学んだ**が正解**になります。

読み上げられた英文の訳

　生涯を通じてずっと、❶ゴールデンルールをしっかり守るように教えられてきた。それは、あなたが他人にしてもらいたいように、他人に接しなさいということだ。これは、現代でもいまだにたくさん応用できる、古いが実績のあるルールだ。私たちの多くが、子どもたちに、自分が兄弟姉妹にぶたれたくないなら、彼らをぶってはいけないと教えるときに、子どもたちにそのルールを伝えている。

　しかし、ゴールデンルールは他人を第一に置く一方で、それではうまくいかないことがある。例えば、私が花の贈り物を好きだからといって、あなたがそれを好きだとは限らない。私が他人とコミュニケーションをとるとき、たくさんの詳細を知りたいからといって、あなたがそうだとは限らない。

　ゴールデンルールがもたらす多様な種類の問題を示す良い例として、かつて聞いた、感度が低い父親についての次の話があげられる。ある日職場から家に帰るとすぐに、父親は不機嫌な妻に挨拶をした。妻は、飼っているハムスターが亡くなって、娘は1日中部屋で泣いているという悲しい知らせを彼に伝えた。❷父親は、それは簡単に解決できると考え、娘の部屋に行って、それは大したことではなく、近くのペットショップに行って、7ドルで新しいハムスターを買えばいいと伝えた。想像できるように、母親は夫に対して、あまりよく思わなかった。

　この物語では、❸父親は自分が人にしてもらいたいようにしてしまったということだ（ゴールデンルールにあるように）。彼にとって、それは簡単に解決できるものだった。しかしもちろん、娘が必要としていたのは、新しいハムスターではなくて、彼女の気持ちをただ単にわかってくれて、彼女を慰めてくれる父親だった。残念なことに、この種の誤解は、家族やチームでは珍しいことではない。

　あなたは完全にゴールデンルールにのっとって生きていくことが人間関係において問題になることがある場面や、自分がそうされたいと望むようにチームメイトを扱うことが時に問題を引き起こす理由がわかるだろうか。もしあなたがゴールデンルールのみに賛同するなら、あなたの観点から、みんなが自分と同じようだと思い込んですべての関係を考えていることになる。それは裏目に出る可能性があるし、実際よくそうなってしまう。

　いつも、あなたがしてもらいたいように他人にするのではなくて、もう１つのルールにのっとって生きることも賢明だ。それは、❹プラチナルールだ。これは「人が望むように、その人にしてあげなさい」ということだ。プラチナルールは、「人のことを第一に」というルールで、無私無欲のルールになる。

　さっきのゴールデンルールの例を用いて、（今度はそれを）プラチナルールを使うことに切り換えよう。チームメイトに花をあげる代わりに、立ち止まって「それは本当に彼らが好きなものなのか？　花は本当に彼らを幸せにする贈り物なのか？」と考えてみよう。チームメイトに話す際に、あらゆる詳細を詰め込まずに、立ち止まって「彼らは本当にこれをすべて聞きたいのか？」と自問してみよう。

　人はあまりに独特で、ゴールデンルールだけでは生きられない。自分が見ているのと同じように世界を見ている人などいないし、人がそうしている［自分と同じように世界を見ている］と思えるときでも、私たちはたいていどこか足りていないのである。

　私は最も早くリーダーシップが求められるある役割で、❺プラチナルールの価値を学んだ。それは親になることだ。❻最初の２人の子どもは、すべての子どもをこう育てるべきだと私が信じる方法で育てた。この２人に関しては、私のしつけのスタイルが機能していたように思った。

　❼それから、３番目の子どもが生まれた。私は３番目の子をほかの２人と同じように育てようとしたが、同じようにはうまくいかなかった。彼は頑固で、私が一生懸命やろうとするほど、それだけ頑なになっていった。私は、すぐにほかの２人にやっていたのとは❽異なる育て方をしなければならず、それには非常に多くの忍耐も必要とすることがわかった。

　あなたのチームメイトを理解しようとするときに、あなたはチームとより強い関係性を築き上げる。あなたは今までに、「ああ、あの人は本当に私を理解してくれている」と思ったことがあるだろうか？　たぶん人があなたを理解してくれるのは、その人がプラチナルールで生きているからであり、それは定期的に他人を第一に考えて、自分の要求より先にチームメイトの要求を優先することを必要とする。ひとたび各チームメイトの要求が何かを理解すると、ものすごく役に立つ考えになる。

重要語彙リスト

☐ adhere to	熟	～を固守する
☐ time-tested	形	長年の実績のある
☐ a great deal of	熟	非常に多くの
☐ application	名	応用
☐ remind O to *do*	動	O に～するように思い出させる
☐ sibling	名	兄弟姉妹
☐ fall short	熟	不足する
☐ gift	名	贈り物
☐ detail	名	詳細
☐ communicate with	熟	～とコミュニケーションをとる
☐ demonstrate	動	証明する
☐ illustrate	動	説明する
☐ less-than-sensitive	形	感度が低い
☐ upon *doing*	熟	～するとすぐに
☐ greet	動	挨拶する
☐ distraught	形	不機嫌な
☐ relay	動	伝える
☐ pass away	熟	亡くなる
☐ solution	名	解決策
☐ share	動	について伝える
☐ respond	動	反応する
☐ fixable	形	解決できる
☐ console	動	慰める
☐ unfortunately	副	残念ながら
☐ misunderstanding	名	誤解
☐ uncommon	形	珍しい
☐ relationship	名	関係
☐ issue	名	問題
☐ subscribe to	動	～に賛成する
☐ approach	動	取り組む
☐ perspective	名	観点
☐ assume	動	と思い込む
☐ backfire	動	裏目に出る
☐ instead of	熟	～せずに
☐ state	動	述べる

□ selfless	形	無私の
□ previous	形	以前の
□ switch to	動	～へ切り換える
□ include	動	含める
□ unique	形	独自の
□ more often than not	熟	たいていは
□ leadership	名	主導権
□ parent	動	親になる
□ raise	動	育てる
□ stubborn	形	頑固な
□ the＋比較級 ～, the＋比較級 ….	熟	～すればするほど、それだけ…
□ patience	名	忍耐
□ as well	熟	～も
□ Odds are (that) ～.	熟	たぶん～だろう
□ require O to *do*	熟	O に～するように要求する
□ regularly	副	定期的に
□ ahead of	熟	～の前に
□ once S'V'	接	一度 S' が V' すると
□ figure out	熟	～を理解する

正解	問1	c	問2	a	問3	c
	問4	b	問5	c	問6	a

◆先読み

問1　**Researchers in Finland carried out a small experiment to** understand

　a. in which countries wallets are most often returned.

　b. what factors cause people to drop their wallets.

　c. what people do when they find a lost wallet.

問2　**According to surveys conducted before the experiment, most people believe**

　a. people are less likely to return wallets containing larger amounts of money.

　b. people are more likely to return wallets containing larger amounts of money.

　c. the amount of money in the wallet has no influence on whether people will return it or not.

問3　**Researchers conducted an expanded form of the experiment in 40 countries by dropping wallets that**

　a. varied in appearance and contained various amounts of money.

　b. were similar looking and contained about $13.

　c. were similar looking and contained various amounts of money.

問4　The experiment showed that when **more money** was in the lost **wallet, the likelihood of that wallet being returned**

a．decreased.

b．increased.

c．remained unaffected.

問5　One explanation **NOT** mentioned for the findings in the experiment is that people

a．**don't want to cause harm to others**.

b．**don't want to think of themselves as a criminal**.

c．hope to **receive** some kind of **reward**.

問6　**Dan Ariely** of Duke University believes that people **engage in dishonest behavior** when they

a．can justify being dishonest.

b．have no fear of being caught.

c．think they can receive an advantage or benefit.

　　問1の先読みは、**Finland**と**small experiment**をチェックして、**何を理解するための実験**かを集中して聞き取ります。問2は、**before the experiment**と**most people believe**をチェックして、**実験前にほとんどの人が信じていたこと**を集中して聞き取ります。問3は**40 countries**と**dropping wallets**をチェックして、**40ヵ国でどんな財布を落とす実験をしたのか**を聞き取ります。問4は、**more money, lost wallet**と**likelihood, wallet being returned**をチェックして、**落とした財布にお金が多くあると、返却される可能性がどうなるか**を聞き取ります。問5は**NOT**問題と言って、**本文で言及されていないものを選ぶ**ので、**消去法で本文から聞き取れた選択肢を消して正解を探す**しかありません。問6は、**Dan Ariely**と**engage in dishonest behavior**をチェックして、**どんなときに不誠実な行動に出るか**を聞き取ります。

LULU GARCIA-NAVARRO, HOST : Picture this. You're a receptionist at, say, a hotel. ❶**Someone walks in and says they found a lost wallet, but they're in a hurry. They hand it to you. What would you do?** Well, researchers have looked at that question using thousands of supposedly dropped wallets from all around the world. NPR's Merrit Kennedy has more on what they found.

MERRIT KENNEDY, BYLINE : ❷**The experiment started small. A research assistant in Finland pretending to be a tourist turned in a few wallets containing different amounts of money.** He'd walk up to the counter of a big public place, like a bank or a post office.

ALAIN COHN : Acting as a tourist, he mentioned that he found the wallet outside around the corner. And then he asked the employees to take care of it.

KENNEDY : Alain Cohn from the University of Michigan says surveys show ❸**most people think more money in the wallet would make people less likely to return it**. He even thought so. But actually, what they were seeing was the exact opposite.

COHN : ❹**People were more likely to return a wallet when it contained a higher amount of money**. At first, we almost couldn't believe it and told him to triple the amount of money in the wallet. But yet again, we found the same puzzling finding.

KENNEDY : The researchers decided to do the experiment on a much larger scale. They dropped off more than 17,000 lost wallets in 40 countries. **❺All of the wallets looked about the same**—a small clear case with a few business cards, a grocery list and a key. **Some had no money, and some had the local equivalent of about $13**. And around the world, they kept finding the same thing. In 38 out of 40 countries, people were more likely to return the wallets with money. And in three countries, they dropped wallets containing nearly a hundred bucks. Cohn says the results were even more dramatic.

COHN : The highest reporting rate was found in the condition where the wallet included $100.

KENNEDY : So what's behind all this honesty? The researchers think there are two main explanations. First, just basic altruism.

COHN : **❻Basically, if you don't return the wallet, you feel bad because you harmed another person**.

KENNEDY : There's some evidence for that. They ran a test where just some wallets contained a key, only valuable to the person who lost it. Those wallets were about 10% more likely to be returned. Cohn says he also thinks the results have a lot to do with how people see themselves, and ❼**most people don't want to see themselves as a thief**.

COHN : The more money the wallet contains, the more people say that it would feel like stealing if they do not return the wallet.

KENNEDY : The rates that wallets were returned varied a lot by country, even though money in the wallet almost always increased the chances. The researchers think the country's wealth is one factor, but a lot more research is needed to explain the differences. Duke University economist Dan Ariely studies dishonesty. He says this shows material benefits are not necessarily people's only motivation.

DAN ARIELY : We see that ❽**a lot of dishonesty is not about the cost-benefit analysis, not about what I stand to gain and what I stand to lose. But instead, it's about what we can rationalize**. To what extent can we rationalize this particular behavior?

KENNEDY : Cohn says their study, which appears in the journal *Science*, suggests people are too pessimistic about the moral character of others.

COHN : I think it's a good reminder that other people might be more similar to you and not always assume the worst.

KENNEDY : And sometimes, honesty does pay. After people reported a lost wallet, they got to keep the cash.

Merrit Kennedy, NPR News.

問1

司会のルル・ガルシア-ナヴァロの第1発言❶ **Someone walks in and says they found a lost wallet, but they're in a hurry. They hand it to you. What would you do?**「ある人が歩いてきて、落とした財布を見つけたが、急いでいる、と言う。その人がその財布をあなたに手渡したら、あなたはどうする？」が、後続の❷で言及されている**フィンランドでの小さく始めた実験**なので、c．**what people do when they find a lost wallet.**「人は落とした財布を見つけたとき何をするか」が正解。

ちなみに、❶の They は **Someone** を受けて、「**その人**」と訳します。**単数の they** という用法で、**he or she の代用**ができます。

問2

ケネディの第2発言❸ **most people think more money in the wallet would make people less likely to return it.**「ほとんどの人は、財布にお金がより多くあると、人がそれを返す可能性が低くなると考える」から、a．**people are less likely to return wallets containing larger amounts of money.**「大金が入っていればいるほど、財布を返す可能性がより低くなる」が正解。本文の **more money in the wallet** が、選択肢の **wallets containing larger amounts of money** にパラフレーズされていることに注意しましょう。

問3

ケネディの第3発言❺ **All of the wallets looked about the same ... Some had no money, and some had the local equivalent of about $13.**「すべての財布が同じような見た目で、お金を全く入れないもの、現地通貨でおよそ13ドル入っているものがあった」から、c．**were similar looking and contained various amounts of money.**「似たような見た目で、様々な額のお金が入っていた」が正解。本文の **looked about** the same が選択肢の similar looking に、本文の Some had no money, and some had the local equivalent of about $13 が、選択肢の contained various amounts of money にパラフレーズされていることに注意しましょう。

問4

コーンの第2発言❹ People were more likely to return a wallet when it contained a higher amount of money.「人は、財布により多くのお金が入っていると、それを返す可能性がより高くなった」から、ｂ．increased.「高くなる」が正解。

問5

ａ．don't want to cause harm to others.「他人に害を与えたくない」は、コーンの第4発言❺ Basically, if you don't return the wallet, you feel bad because you harmed another person.「基本的に、財布を戻さないと、他人に危害を与えたという理由で気分が悪くなる」と一致しているので不適。

ｂ．don't want to think of themselves as a criminal.「自分を犯罪者と思いたくない」は、ケネディの第5発言の最後❼ most people don't want to see themselves as a thief.「ほとんどの人は自分を泥棒とみなしたくない」と一致するので不適。本文の see A as B が選択肢の think of A as B に、本文の thief が選択肢の criminal にパラフレーズされていることに注意しましょう。

「A を B とみなす」のパラフレーズは頻出なので、まとめます。

POINT 55 「A を B とみなす」のパラフレーズ

regard A as B ／ think of A as B ／ look on(upon) A as B
see A as B ／ view A as B

「A を B とみなす」のパラフレーズは、上記の5パターンを覚えましょう。look on の on は強意の upon となることも多いです。なお、これらの表現は受動態で使用されて、例えば be regarded as ／ be thought of as ／ be looked on(upon) as 「〜とみ

なされる」などで使われることも多いので、おさえておきましょう。

c ．hope to receive some kind of reward「何らかの報酬を受け取ることを希望する」は、**本文中に記載がないので正解。**

問6

ダン・アリエリーの発言❸a lot of dishonesty is not about the cost-benefit analysis, not about what I stand to gain and what I stand to lose. But instead, it's about what we can rationalize.「多くの不正行為は損得勘定、すなわち何を得られるか、失うかではなくて、何を正当化できるかに由来する」から、a ．can justify being dishonest.「不正であることを正当化できる」が正解。

設問と選択肢の訳

問1　フィンランドの研究者は、（　　　）を理解するために、小さな規模の実験を行った。
　a ．どの国で財布が最もよく戻ってくるか
　b ．何が原因で、人は財布を落とすか
　c ．落とした財布を見つけたとき、人は何をするか

問2　実験の前に行われた調査によると、ほとんどの人は（　　　）と思っている。
　a ．人は財布にお金がより多く入っていると、財布を返す可能性がより低くなる
　b ．人は財布にお金がより多く入っていると、財布を返す可能性がより高くなる
　c ．財布に入っている金額は、人がそれを返すかどうかに何も影響を与えない

問3　研究者は、（　　　）財布を落とすことで、40ヵ国で実験の拡大版を行った。
　a ．見た目が多様で、様々な金額が入っている
　b ．似たような見た目で約13ドル入っている
　c ．似たような見た目で様々な金額が入っている

問4　実験によると、落とした財布により多くのお金が入っていると、財布が返却される可能性は（　　　）とわかった。

a．減る

b．増える

c．影響されないままだ

問5　実験でわかったことについて言及されていない1つの説明は、人が（　　　）ことだ。

a．他人に害を与えたくない

b．自分を犯罪者とみなしたくない

c．何らかの報酬を受け取ることを希望する

問6　デューク大学のダン・アリエリーは、人が不正行為に手を染めるのは（　　　）ときだと思っている。

a．不正であることを正当化できる

b．捕まることを恐れない

c．利点や利益を受け取れると思う

読み上げられた英文の訳

ルル・ガルシア-ナヴァロ、司会者：今から述べることを想像してみてほしい。例えば、自分がホテルの受付だとしよう。❶ある人が歩いてきて、落とした財布を見つけたが、急いでいる、と言う。その人がその財布をあなたに手渡したら、あなたはどうするだろうか？　さて、研究者は世界中で落とし物ということにされた、何千もの財布を使って、その問題を探究してきた。NPR のメリット・ケネディが、詳報を伝える。

メリット・ケネディ、執筆者：❷その実験は小さな規模でスタートした。旅行者を装ったフィンランドの研究助手が、様々な金額の入った複数の財布を提出した。彼は銀行や郵便局のような大衆が大勢いる場所のカウンターまで歩いていく。

アラン・コーン：観光客を装って、彼は外のすぐ近くで財布を見つけたことに言及した。それから、従業員にあとのことはよろしくと頼んだ。

ケネディ：ミシガン大学のアラン・コーンは、調査によると、❸ほとんどの人は財布に多くのお金がある方が、それを返す可能性が低くなると思っていることがわかっていると言う。彼でさえそう考えていた。しかし実際には、彼らがわかったことは、ちょうど正反対のことであった。

コーン：❹人は、財布により多くのお金が入っていると、それを返す可能性がより高くなった。初めは、私たちはほとんどそれを信じられなかったし、助手には財布の金額を3倍にするように言った。しかし、さらにもう一度、私たちは同じ頭を悩ませる発見をした。

ケネディ：研究者たちは、もっと大きな規模でその実験をやることに決めた。彼らは40ヵ国で1万7千を超える財布を落とし物として落としてみた。❺すべての財布が同じような見た目で、名刺が数枚入った小さなクリアケースと、買い物リストと鍵が入っている。お金を全く入れないもの、現地通貨でおよそ13ドル入っているものがあった。そして世界中で、研究者たちは同じことを発見し続けた。40ヵ国中38ヵ国で、お金が入っていると財布を返す可能性がより高くなった。そして、3ヵ国でほぼ100ドルが入った財布を落としていった。コーンは、結果はさらに劇的なものだと言っている。

コーン：最も高く返却の報告が上がったのは、財布に100ドルが入った状況だった。

ケネディ：こうしたあらゆる誠実さの背後に何があるのか？　研究者たちは、2つの主な説明があると考えている。まず初めに、単なる根本的な利他主義だ。

コーン：❻基本的に、もし財布を返さないなら、他人に害を与えたという理由で気分が悪くなる。

ケネディ：それには一定の証拠がある。彼らはいくつかの財布（だけ）に、鍵という、失くした本人だけに価値のあるものが入っている実験を試した。それらの財布は、およそ10％返却される可能性が高くなった。コーンは、彼もその結果は人が自分をどうみなすかに関係があって、❼ほとんどの人が自分を泥棒とみなしたくないと思うと述べている。

コーン：財布の中にお金が多ければ多いほど、ますます多くの人が、財布を返さないと盗んだ気になると言う。

ケネディ：財布が戻る確率は国によって大きく異なるが、財布のお金が、ほぼ常にその可能性を高めていた。その国が裕福かどうかは1つの要因だが、もっと多くの研究が、その違いを説明するのに必要とされると研究者は考えている。デューク大の経済学者であるダン・アリエリーは、不正を研究している。これによってわかるのは、物質的利益が必ずしも人の唯一の動機づけとは限らないということだと彼は言う。

ダン・アリエリー：私たちは、❽多くの不正行為は損得勘定、すなわち何を得られるか、失うかではなくて、何を正当化できるかに由来するとわかっている。私たちはこの特定の行為をどの程度正当化できるだろうか？

ケネディ：コーンは、Science 誌に掲載される自分たちの研究は、人は他人の道徳心にあまりに悲観的だと示唆していると言う。

コーン：それは、他人が自分にもっと似ていると思い出して、いつも最悪の行動を

> とるわけではないということを思い出させてくれるよいきっかけだと思う。
> ケネディ：そして時に、正直者は本当に報われる。人がなくした財布を届け出たとき、
> 現金をもらうことができるのだ。
> メリット・ケネディ、NPR ニュース．

重要語彙リスト

☐ picture	動	思い描く
☐ receptionist	名	受付
☐ say	間	例えば
☐ in a hurry	熟	急いで
☐ hand	動	手渡す
☐ researcher	名	研究者
☐ supposedly	副	～と思われている
☐ experiment	名	実験
☐ assistant	名	助手
☐ pretend to be ～	動	～のふりをする
☐ turn in	熟	～を手渡す
☐ contain	動	含んでいる
☐ amount	名	額、量
☐ mention	動	言及する
☐ around the corner	熟	街角で、すぐ近くで
☐ survey	名	調査
☐ exact	形	まさにその
☐ opposite	名	反対のこと
☐ be likely to do	熟	～しそうだ
☐ at first	熟	初めは
☐ triple	動	3倍にする
☐ yet again	副	さらにまた
☐ puzzling	形	悩ましい
☐ on a ～ scale	熟	～な規模で
☐ business card	名	名刺
☐ grocery	形	食料の
☐ equivalent	名	相当するもの
☐ A out of B	熟	B のうち A
☐ buck	名	ドル
☐ dramatic	形	劇的な

☐ rate	名	確率
☐ condition	名	状況
☐ honesty	名	正直
☐ altruism	名	利他主義
☐ harm	動	危害を加える
☐ evidence	名	証拠
☐ run a test	熟	テストを試みる
☐ valuable	形	価値のある
☐ have a lot to do with	熟	〜と大いに関係がある
☐ see A as B	熟	A を B とみなす
☐ thief	名	泥棒
☐ feel like	熟	〜ような気がする
☐ chance	名	可能性
☐ wealth	名	富
☐ factor	名	要因
☐ economist	名	経済学者
☐ dishonesty	名	不正
☐ material	形	物質的な
☐ benefit	名	利益
☐ not necessarily	熟	必ずしも〜とは限らない
☐ motivation	名	動機づけ
☐ cost-benefit	名	損得勘定の
☐ analysis	名	分析
☐ stand to gain (lose)	熟	得（損）をする
☐ rationalize	動	正当化する
☐ to 〜 extent	熟	〜な程度で
☐ particular	形	特定の
☐ journal	名	雑誌
☐ pessimistic	形	悲観的な
☐ moral	名	道徳
☐ character	名	性格
☐ reminder	名	思い出させるもの
☐ not always	熟	いつも〜とは限らない
☐ assume the worst	熟	最悪を想定する
☐ Honesty pays.	熟	正直者は報われる。

10

◆先読み

問1　Which scientific advance made the recent progress in speed breeding possible?

a) Better space flight technology.

b) Developments in LED technology.

c) Improvements in climate control technology.

d) More efficient methods of harvesting.

e) The invention of the carbon arc lamp.

問2　When did scientists in China achieve their breakthrough in making one of the world's vital food crops resistant to a disease?

a) 2002　　b) 2004　　c) 2008　　d) 2012　　e) 2014

問3　Which of the crops listed below is NOT used to illustrate how gene editing has protected plants from disease?

a) Bananas　　b) Barley　　c) Rice　　d) Soybeans　　e) Wheat

問4　Which of the following is NOT mentioned as a location where research projects are currently carried out?

a) Australia　　b) China　　c) Europe　　d) India　　e) South Korea

問5　According to Hickey, meeting the **future** **challenges** **of food**
security **will** **require**

a) continuing advances in speed breeding.

b) efforts to control population growth.

c) new breakthroughs in gene editing.

d) the application of all available technologies.

e) the development of new tools.

　この問題のように、設問と選択肢が多岐にわたる場合は、**設問の先読みに専念**します。
問1の先読みから、**speed breeding「高速育種」を可能にしたのはどんな科学的進歩**
かを集中しながら聞き取ります。**問2は、中国が病気に耐性のある食物の開発に突破口**
を開いたのはいつかを集中して聞き取ります。

　問3は、**遺伝子編集が植物を病気から守る様子を説明するのに使用されていない作物**
を選べという **NOT 問題**です。本文で読み上げられたものを**消去法**で除くことで、正解
を選びます。**問4も同じく NOT 問題**なので、**研究プロジェクトが現在実施されている**
場所を本文中から聞き取り、**消去法**を使って正解を選びます。**問5は、ヒッキーが言及**
する食品の安全の課題に対処するのに必要なものを集中して聞き取ります。

　それでは、読み上げられた英文を見ていきましょう。

[1] Farmers and plant breeders are in a race against time. According to Lee Hickey, an Australian plant scientist, "We face a grand challenge in terms of feeding the world. We're going to have about 10 billion people on the planet by 2050," he says, "so we'll need 60 to 80 percent more food to feed everybody."

[2] Breeders develop new kinds of crops—more productive, disease-resistant—but it's a slow process that can take a decade or more using traditional techniques. So, to quicken the pace, Dr. Hickey's team in **❶Australia** has been working on **❷"speed breeding**," which allows them to harvest seeds and start the next generation of crops sooner. Their technique was inspired by NASA research on how to grow food on space stations. They trick crops into flowering early by shining blue and red **❸LED lights** 22 hours a day and keeping temperatures between 17 and 22 degrees Celsius. They can grow up to six generations of wheat in a year, whereas traditional methods would yield only one or two.

[3] Researchers first started growing plants under artificial light about 150 years ago. At that time, the light was produced by what are called carbon arc lamps. Since then, **❹advances in LED technology have vastly improved the precision with which scientists can adjust light settings to suit individual crop species**.

[4] Researchers have also adopted new genetic techniques that speed up the generation of desirable characteristics in plants. Historically, humans have relied on a combination of natural variation followed by artificial selection to achieve these gains. Now, breeders use gene-editing tools to alter DNA with great speed and accuracy. **❺In 2004, scientists working in Europe identified** a variation on a single gene that **made a type of barley resistant to a serious disease**. **❻Ten years later, researchers in China edited the same gene in wheat**, one of the world's most important crops, **making it resistant** as well.

[5] Gene-editing tools have been used to protect **❼rice** against disease, to **❽give corn and soybeans resistance to certain chemicals**, and to save oranges from a type of bacteria that has destroyed crops in Asia and the Americas. In **❾South Korea**, scientists are using these tools to rescue an endangered variety of **❿bananas** from a devastating soil disease.

[6] With cheaper, more powerful technology, opportunities are opening up to improve crops around the world. Dr. Hickey's team **⓫plans to use these discoveries to help farmers in India**, Zimbabwe and Mali over the next couple of years, since he wants the discoveries to benefit developing countries, too.

[7] **⓬According to Hickey, we will need to combine speed breeding and gene editing with all the other tools** we have if we are to meet the food security challenges of the future. **"One technology alone,"** he says, **"is not going to solve our problems."**

[8] However, while basic speed breeding is generally accepted, many are reluctant to embrace gene-editing technology. They worry about unexpected long-term consequences. The benefits of this revolutionary technology, they feel, must be weighed against its potential dangers.

© The New York Times

問 1

第2段落で初めて❷ speed breeding「高速育種」が登場して、❸ LED lights も登場します。決定的なのが、第3段落❹ advances in LED technology have vastly improved the precision with which scientists can adjust light settings to suit individual crop species.「LED 技術の進歩が、科学者が個々の作物種に適した光の状況を調整する際の正確性を大幅に改善した」で、b）が正解。

e）The invention of the carbon arc lamp. の「カーボンアーク灯」も第3段落に登場するので紛らわしいが、これは 150 年前に使われ始めた光源で、その後に LED 技術の進歩のおかげで、高速育種が可能になったとあるので、不適。

問 2

第4段落❺ In 2004, scientists working in Europe identified a variation on a single gene that made a type of barley resistant to a serious disease. ❻ Ten years later, researchers in China edited the same gene in wheat, one of the world's most important crops, making it resistant as well.「2004 年に、ヨーロッパで研究している科学者が、大麦の一種を重い病気に耐性のあるものにしている、ある単一遺伝子の変異を確認した。10 年後に、中国の研究者が世界で最も重要な作物の1つである小麦で同じ遺伝子を編集して、同様に病気に耐性を持てるようにした」から、2004 年の 10 年後である e）2014 が正解。

問3

　遺伝子編集が植物を**病気から守る**様子は、第4段落の❺の文で barley「大麦」、❻で wheat「小麦」があげられている。さらに、第5段落で❼ rice と❿ bananas を**病気から守る**と述べている。第5段落第1文 Gene-editing tools have been used … to ❽ give corn and soybeans resistance to certain chemicals「遺伝子編集ツールは、**トウモロコシや大豆にある種の化学物質への耐性をつける**ために利用されている」から、d）Soybeans は、**ある種の化学物質に対する耐性をつけたもの**としてあげられているので、本問の病気への耐性をつけるためのものとは異なるので、**不適**。難度が高い問題です。

問4

　第2段落❶で a）オーストラリア、第4段落❺で c）ヨーロッパ、❻で b）中国、第5段落❾で e）韓国がプロジェクトが行われている場所としてあがっている。第6段落❶ plans to use these discoveries to help farmers in India, … 「これらの発見を使って、インド…の農家を助ける計画を立てている」より、インドではまだ新しい技術が使われていないことがわかる。**正解は**d）**インド**になる。

問5

　第7段落の⓬ According to Hickey, we will need to combine speed breeding and gene editing with all the other tools we have if we are to meet the food security challenges of the future. "One technology alone," he says, "is not going to solve our problems."「**ヒッキーによると、将来の食糧安全保障に対峙するつもりなら、高速育種と遺伝子編集を他のあらゆるツールと組み合わせる**必要がある。『1つの技術だけでは、私たちの問題を解決できないだろう』と彼は言う」から、d）the application of all available technologies.「利用できるすべての技術の応用」が正解とわかる。

設問と選択肢の訳

問1　高速育種の最近の進展は、どんな科学的進歩によって成し遂げられたか？

a）より優れた宇宙飛行技術。　　　b）LED 技術の進展。

c）気候制御技術の改良。　　　　d）より効率的な収穫方法。

e）カーボンアーク灯の発明。

問2　中国の科学者が、世界中で必要とされている食糧農産物の1つに対し、病気への耐性をつけることに大成功を収めたのはいつか？

a）2002　　　　b）2004　　　　c）2008

d）2012　　　　e）2014

問3　下に並べられた作物で、遺伝子編集が植物を病気から守る様子を説明するのに使われていないのはどれか？

a）バナナ　　　b）大麦　　　c）米

d）大豆　　　　e）小麦

問4　次のうち、研究プロジェクトが現在行われている場所として言及されていないのはどれか？

a）オーストラリア　　b）中国　　　c）ヨーロッパ

d）インド　　　e）韓国

問5　ヒッキーによると、将来の食糧安全保障の課題に対峙することは、（　　　）を必要とするだろう。

a）高速育種の進歩を継続すること。

b）人口増加をコントロールする努力。

c）遺伝子編集の新しい突破口。

d）利用できるすべての科学技術を応用すること。

e）新しいツールの開発。

読み上げられた英文の訳

[1]　農家と育種学者は、時間と戦っている。オーストラリアの植物科学者であるリー・ヒッキーによると、「私たちは世界に食糧を届ける点で、大きな課題に直面している。私たちは2050年までに地球上におよそ100億人の人を抱えることになるので、全員を養うにはさらに60〜80% 多くの食糧を必要としている」と言う。

［2］　育種学者たちは、より生産的で病気に抵抗力がある新種の作物を開発しているが、それは、昔ながらのテクノロジーを使うと10年かそれ以上かかる可能性のあるゆっくりとしたペースだ。よって、このペースを速めるために、❶オーストラリアのヒッキー博士のチームは、❷「高速育種」という、それによって種子を収穫して、すぐに次世代の作物をスタートさせられる方法に取り組んでいる。彼らの技術は、NASA の宇宙ステーションで食糧を栽培する方法に関する研究にひらめきを得たものだ。彼らは1日に22時間青と赤の❸LED ライトを照射して、気温を摂氏17〜22度の間に保つことで、作物をだまして、早期に開花させる。彼らは1年間で6世代分まで小麦を育てることができる。一方で、従来のやり方では、1世代か2世代しか生産することができない。

［3］　研究者たちは、最初はおよそ150年前に人工灯の下で、植物を栽培し始めた。その当時、その光はいわゆるカーボンアーク灯と言われるもので作り出されていた。その時からずっと、❹LED 技術の進歩によって、科学者が個々の作物種に適した光の状況を調整する際の正確性が大幅に向上した。

［4］　研究者たちは、植物の望ましい特徴の発生を加速させる新しい遺伝子技術も取り入れてきた。歴史的に、人間は自然変異とそれに続く人工淘汰を組み合わせたものに頼ることで、これらの進歩を成し遂げてきた。今や、育種学者たちは遺伝子編集ツールを使って、すごいスピードと正確性で DNA を変えている。❺2004年に、ヨーロッパで研究している科学者が、大麦の一種を重い病気に耐性のあるものにしている、ある単一遺伝子の変異を確認した。❻10年後に、中国の研究者が世界で最も重要な作物の1つである小麦で同じ遺伝子を編集して、同様に病気に耐性を持てるようにした。

［5］　遺伝子編集ツールは、病気から❼米を守るのに、❽トウモロコシや大豆にある種の化学物質への耐性をつけるために、そしてアジアやアメリカ大陸で作物を破壊した、ある種のバクテリアからオレンジを守るために利用されている。❾韓国では、科学者は、壊滅的な土壌の病害から絶滅に瀕した❿バナナの種を救い出すために、これらのツールを使っている。

［6］　もっと安く、もっと強力なテクノロジーを使って、世界中で作物を改良する機会が広がり続けている。ヒッキー博士のチームは、これらの発見で発展途上国にも利益をもたらしたいので、⓫これらを使って、次の数年で、インド、ジンバブエやマリの農家を助ける計画を立てている。

［7］　⓬ヒッキーによると、私たちは将来の食糧安全保障に対峙するつもりなら、高速育種と遺伝子編集を他のあらゆるツールと組み合わせる必要がある。「1つの技術だけでは、私たちの問題を解決できないだろう」と彼は言う。

［8］　しかし、基本的な高速育種は一般的に受け入れられているけれども、多くの人が遺伝子編集技術は認めたがらない。彼らは予想できない長期的な結果に不安を抱く。この革命的な科学技術の恩恵は、その秘められた危険性と天秤にかけられなければいけないと彼らは感じている。

重要語彙リスト

☐ plant breeder	名	植物育種者
☐ in a race against time	熟	時間との戦いをして
☐ challenge	名	課題
☐ in terms of	熟	～の観点で
☐ feed	動	養う
☐ the planet	名	地球
☐ crop	名	作物
☐ productive	形	生産的な
☐ disease-resistant	形	病気に抵抗力のある
☐ decade	名	10 年
☐ quicken	動	速める
☐ work on	熟	取り組む
☐ harvest	動	収穫する
☐ seed	名	種子
☐ generation	名	世代、発生
☐ inspire	動	着想のヒントを与える
☐ trick O into *doing*	熟	O をだまして～させる
☐ flower	動	開花する
☐ temperature	名	気温
☐ whereas	接	一方で
☐ yield	動	生み出す
☐ artificial	形	人工的な
☐ advance	名	進歩
☐ vastly	副	大きく
☐ precision	名	正確性
☐ adjust	動	調整する
☐ adopt	動	採用する
☐ genetic	形	遺伝の
☐ desirable	形	望ましい
☐ characteristics	名	特徴
☐ combination	名	組み合わせたもの
☐ variation	名	変異
☐ selection	名	淘汰
☐ gain	名	進歩
☐ gene-editing	形	遺伝子編集の

☐ accuracy	名	正確さ	
☐ identify	動	確認する	
☐ gene	名	遺伝子	
☐ barley	名	大麦	
☐ edit	動	編集する	
☐ chemical	名	化学物質	
☐ rescue	動	救う	
☐ endangered	形	危機に瀕した	
☐ devastating	形	壊滅的な	
☐ soil	名	土壌	
☐ opportunity	名	機会	
☐ a couple of	熟	2、3の	
☐ food security	名	食糧安全保障	
☐ be reluctant to *do*	熟	〜するのに気が乗らない	
☐ embrace	動	受け入れる	
☐ consequence	名	結果	
☐ revolutionary	形	革命的な	
☐ weigh A against B	熟	A を B と天秤にかける	
☐ potential	形	潜在的な	

第6章

おわりに

　本書をやり終えていただき、誠にありがとうございました。第1章のディクテーション問題以降、すべての英文でシャドーイングをするのは大変な作業だったでしょう。

　本書で問題の演習とシャドーイングの特訓を重ねれば、必ずリスニングは得意になります。

　僕も元々はリスニングが大変苦手でした。生徒にしっかりとリスニングを指導するために、英検1級やTOEICの試験でリスニングの練習を重ねて、大学入試や資格試験の英語のリスニングでは特に困ることはなくなりました。

　リスニングの世界にはもっと先があり、僕は今でもCNNというニュース番組や映画のセリフでリスニングの練習を日々重ねています。それでも、ネイティブと話すときは、完璧に聞き取れることの方が珍しいので、名詞や動詞などの強く読まれる音や文脈から意図を読み取ります。ときに、聞こえないときは、日本人同士でも聞き返すことがあるのですから、堂々と聞き返します。

　本書や大学受験をきっかけに、ぜひリスニングの世界を深めていってください。最後に、本書を最後まで読んでくださった読者の方々、本書を念入りに校正してくださった方々、本書の企画編集を担当してくださった編集者の方々に、心より御礼申し上げます。

肘井　学（ヒジイ　ガク）

赤
PLUS+
本

大学入試

"絶対できる"
英語リスニング

📖別冊② 耳トレドリル

矢印の方向に引くと
本体から取り外せます
→

ゆっくり丁寧に取り外しましょう

教学社

耳トレドリル

Let's start training!

◆ 1 オーバーラッピング ◆

　リスニングが苦手な方は、まずはこの**オーバーラッピング**から取り組みましょう。**スクリプトを見ながら、音声と同時に英語を発声していく方法**です。ネイティブの音声をまねすることで、ネイティブのリズムや発音に少しずつ近づくことができます。英語のスピードに慣れてくることで、リスニングの理解力向上にもつながります。目安は5回程度で、すらすら読めるようになるまで繰り返しましょう。

◆ 2 シャドーイング ◆

　続いて、最もリスニング力を高めてくれる方法が**シャドーイング**です。**スクリプトを見ずに、英語の音声に、少し遅れて影のように追いかけながら発声**していきます。これが難しい場合は、オーバーラッピングで10回でも構いませんが、できる限りシャドーイングに取り組んでみましょう。これをやることで、**耳が鍛えられて、本番のリスニングの試験でも、無意識に拾える音が増えていきます**。それによって、情報の取捨選択が可能になり、正答率がぐんと上がります。リスニングが得意な方は**シャドーイングを10回**、あるいは中程度のリスニング力であれば**オーバーラッピングを5回＋シャドーイングを5回**、そしてリスニングが苦手な方は**オーバーラッピングを10回**と、現時点の自分のリスニング力に合った音読を実践してください。

音声専用サイトはこちら
http://akahon.net/plus/listening/

演習モードから**耳トレモード**に切り替えて、トレーニングを始めましょう！
再生スピードも変えられるから、自分のリスニング力に適したトレーニングができます。

「耳トレモード」を選んで、再生ボタン ▶ を押すだけ！

耳トレモードとは？

問題を解かずに音声を聞き続けるモードです。解答時間として設けられている無音部分や、リピート、質問英文をカットしているので、章ごとに音読したり、ひたすら英語を聞いて耳を慣らすのに最適です。

＼音声に合わせて、10回音読しよう!!／

第1章

1

□□□□□5□□□□□10

M : That was a great movie!

W : Yeah, the special effects were cool.

M : I really liked the story and the acting.

W : Me, too. But the movie could've been a bit shorter.

2

□□□□□5□□□□□10

[H: Helen, G: grandfather]

H : Grandad, what was it like when you were young?

G : Well, Helen, we didn't have TV, although I did listen to the radio.

H : Wow, it must've been really boring without TV.

G : Well, actually I had lots of fun playing outdoors with my friends.

3

□□□□□5□□□□□10

M : I may've left my wallet on the table. It's brown leather. I just had lunch here.

W : I'll check with the manager. What's your name?

M : John Smith.

4

□□□□□5□□□□□10

M : I didn't understand the reading homework.

W : Why don't you ask our teacher for help?

5

M : Do you have a moment? I'd like to talk about our new plans.

W : All right. Why don't we have a meeting later today?

M : Great, say ... five then?

6

M : Was your train very crowded?

W : Not at all. But it was way behind schedule.

M : Was there an accident?

W : I don't know. The announcements didn't say there was.

7

W : What are you doing today?

M : I'm working at the wheelchair basketball championship.

W : Awesome! Are you assisting the players?

M : Not this time. I'll be helping people park their cars.

8

M : How do you like this traditional fabric I bought in India?

W : It's beautiful! I love the design. What are you going to do with it?

M : I want to have a skirt made for my wife.

W : Oh, I have a friend who could help you.

M : Really? That sounds great.

9

□□□□□ 5 □□□□□ 10

M : What did you think of the drawing contest?

W : To be honest, I'm kind of surprised Hiroshi won.

M : Right. I thought Ayako had a good chance.

10

□□□□□ 5 □□□□□ 10

W : Do you keep anything ready for emergencies?

M : Let me think. I have a flashlight, gloves, and um..., some towels in my backpack.

W : What about water?

11

□□□□□ 5 □□□□□ 10

[F : Father,　D : Daughter]

D : Dad, can we go camping this summer?

F : I'd love to go camping, but we don't have any equipment.

D : The sports shop is having a big sale this week.

F : OK, let's check it out.

12

□□□□□ 5 □□□□□ 10

[S1 : Student 1,　S2 : Student 2]

S1 : We are supposed to meet the rest of our class at the east entrance of the station, but I think we are lost.

S2 : Oh no! What should we do?

S1 : Let's ask that lady over there if she can give us directions.

13

W : There you are. Have you been waiting long?

M : Yes, for 30 minutes! Where've you been?

W : Well, I was waiting on the other side. I didn't see you so I came around here.

M : I've been calling your phone, but I couldn't get through.

W : Sorry, my battery died. Anyway, I'm here now.

14

M : Why don't we pick our cat's name from Swahili?

W : Yeah! How about *amani*? It means peace.

M : Sounds good. What's beauty by the way?

W : *Uzuri*. It's a bit difficult to pronounce though.

15

M : Happy New Year, Aki! Long time no see.

W : Wow, Paul! When did you come back from Sweden?

M : Ha, ha! I'm the last person you expected to see, right?

第 2 章

1

☐☐☐☐☐5☐☐☐☐10

M : It's cold today.

W : Yeah, it's freezing! I should've worn a jacket.

M : But you've got a big scarf wrapped around your neck.

W : I know, but I'm still cold.

2

☐☐☐☐☐5☐☐☐☐10

W : Will it be warm next week?

M : It should be cold at first, then get warmer.

W : I heard it'll be sunny, though, right?

M : Yes, except for rain on Thursday and clouds on Friday.

3

☐☐☐☐☐5☐☐☐☐10

M : How about there, near the bookshelf?

W : I'd prefer it by the window.

M : OK. Right here, then?

W : No, that's too close to the TV. I think the other corner would be better.

4

☐☐☐☐☐5☐☐☐☐10

M : I'm looking for a smartphone case.

W : Try the cellphone shop.

M : I did, but I couldn't find any.

W : You could try the shop across from the cellphone shop, next to the café.

5

W : Our survey shows the number of foreigners visiting our museum has been decreasing.

M : Especially from Europe.

W : But the number from Asia is on the rise.

M : At least that's good news.

6

W : In April, monthly sales decreased from March.

M : Yes, but they increased in May.

W : Interesting. Sales usually decline in May.

M : I guess our sales campaign worked.

7

M : The title should not be in three lines.

W : OK. And what about the palm trees?

M : Put them on the left rather than on the right.

W : Got it.

8

M : Look! This picture is from last spring.

W : What a beautiful garden!

M : Amazing, isn't it? And the skyscrapers in the distance.

W : Uh-huh. By the way, who's the woman beside you?

9

W : I checked your design for the team uniform.

M : Thanks. Should I make all the letters capital?

W : I don't think so, but why don't you add our logo?

M : That's cool!

10

W : Look! What a cute panda!

M : Which one?

W : He's lying on his stomach like he's sleeping.

M : Oh, I see him! He's kind of hidden behind the rocks.

第3章

1

□□□□□5□□□□□10

W : Are you interested in joining a Portuguese language club?

M : Well, I haven't studied Portuguese in a while.

W : Don't worry. My friend from Brazil has a lot of teaching experience.

M : Really? Hmm, I'm not so sure.

W : Come on, it'll be totally casual.

M : OK, I'll give it a try.

2

□□□□□5□□□□□10

M : Oh, you're watching the baseball game, Mom.

W : Yes. It's exciting.

M : I didn't know that it had already started. Are the Crabs ahead?

W : They are right now, yes, although they were losing in the beginning. They caught up with the Porters and they're leading now.

M : I hope they'll win.

3

□□□□□5□□□□□10

M : Here's a little something for you, honey.

W : Wow! You remembered this year.

M : How could I forget? You're a half century old today.

W : Thanks for reminding me.

M : Sorry. Go ahead, open it.

W : What could it be?

M : I hope you like it.

W : A diamond ring! I love it!

4

W : My toes itch all the time. It drives me crazy.

M : Let me take a look. Hmmm. I think you have athlete's foot.

W : That doesn't make any sense. I'm not an athlete!

M : You don't have to be an athlete to get athlete's foot. You should see a dermatologist.

W : A dermatologist? What's that?

M : You know ... a skin doctor.

W : I see. Yeah. I guess that would be a good idea.

5

W : Do you think the university will cancel classes tomorrow because of the snow?

M : Not unless it keeps snowing all night.

6

M : When's the English essay due?

W : I'm not sure. The class webpage says Monday but I remember the teacher said it wasn't due until Thursday.

M : I'll email the teacher and ask her.

W : After you find out, can you tell me what she says?

M : Sure. No problem.

7

□□□□□5□□□□□10

W : We've got eight dollars for fruit.

M : We need to get a pineapple. They're four dollars each.

W : Definitely. And some oranges.

M : Two for one dollar! Let's buy as many as we can.

8

□□□□□5□□□□□10

W : Our bill is 85 dollars.

M : I have a fifteen-dollar discount coupon.

W : Remember, Mom gave us ten dollars. Let's use that as well.

M : OK, and then we can split the rest.

9

□□□□□5□□□□□10

M : I'm worried about the opening remarks at the party tomorrow.

W : I heard Jim will do that.

M : He said he'll be late .... Would you mind taking his place?

W : Not at all.

10

□□□□□5□□□□□10

M : I just came from the grocery store, and they charged me for a shopping bag!

W : Didn't you know? Some supermarkets do that.

M : What for?

W : They want you to bring your own bag to reduce waste.

M : Oh, I see. It's a good idea.

W : Yeah, think about the environment.

第 4 章

1

☐☐☐☐☐ 5 ☐☐☐☐☐ 10

W : Can you give me a hand with this?

M : Sure. What do you need me to do?

W : Can you keep stirring this and make sure it doesn't burn? I need to check the oven.

2

☐☐☐☐☐ 5 ☐☐☐☐☐ 10

Oh my! It's 2:55. The class will start in five minutes.

3

☐☐☐☐☐ 5 ☐☐☐☐☐ 10

W : It's hard to believe we'll be graduating next month. What are you going to do? Do you have a job lined up?

M : Yes, I'm going to be working in a bank. What about you?

W : Unfortunately, I haven't found a job yet. But did you hear about Tom and Suzy? They're both looking for work, too, but they're getting married anyway.

4

☐☐☐☐☐ 5 ☐☐☐☐☐ 10

M : Over here are the recycle bins.

W : Why do we have to separate all the trash? Is it really necessary?

M : Have you ever heard of dioxin?

W : No, what's that?

M : Well, it is a kind of poison in the air. If we mix plastic trash in with the paper trash, and then burn it, dioxin will come out in the smoke. You don't want to breathe a poison, do you?

W : Oh, I see. From now I promise to separate all my garbage.

5

M : How many guests will we have at our Christmas party?

W : Well, thirteen people say they're definitely coming, and four others still aren't sure. Oh, and Jill called to say she and Bob are sorry but they won't be able to make it.

M : That's too bad, but at least we'll have thirteen guests, and maybe more.

6

W : I heard that you play the violin. I had no idea.

M : Well, I used to play often, but these days I don't have much time.

7

M : What are your plans for summer vacation?

W : I'm going back to Hokkaido to help my parents start a new restaurant.

M : That sounds like a lot of work.

W : Maybe so, but it's kind of exciting, too. I grew up on my parent's farm, but last year they moved to the city, and now they want to try cooking vegetables instead of growing them.

8

W : I missed class for two weeks in a row. The professor is going to be upset.

M : Why don't you email the professor and explain what happened?

9

W : Where are you going? You look very nice in that business suit.

M : I've got a job interview this afternoon.

W : Oh! Are you ready for the interview?

M : I'm good to go. I spent all evening yesterday reading up on the company.

10

M : Hello! It's you! I haven't seen you since our graduation. When was that, three years ago?

W : Hello, how have you been?

M : Not so good. I lost my job last year and I'm still job hunting.

W : Oh, I'm sorry to hear that. I'm sure another job will come along.

第5章

1

Jane : Are you all right, Sho? What's wrong?

Sho : Hey, Jane. It turns out a native French-speaking host family was not available ... for my study abroad program in France.

Jane : So you chose a host family instead of the dormitory, huh?

Sho : Not yet. I was hoping for a native French-speaking family.

Jane : Why?

Sho : Well, I wanted to experience real spoken French.

Jane : Sho, there are many varieties of French.

Sho : I guess. But with a native French-speaking host family, I thought I could experience real language and real French culture.

Jane : What's "real," anyway? France is diverse. Staying with a multilingual family could give you a genuine feel of what France actually is.

Sho : Hmm. You're right. But I still have the option of having a native speaker as a roommate.

Jane : In the dormitory? That might work. But I heard one student got a roommate who was a native French speaker, and they never talked.

Sho : Oh, no.

Jane : Yes, and another student got a non-native French-speaking roommate who was really friendly.

Sho : Maybe it doesn't matter if my roommate is a native speaker or not.

Jane : The same applies to a host family.

2

Carol : What are you doing, Bob?

Bob : I'm writing a letter to my grandmother.

Carol : Nice paper! But isn't it easier just to write her an email?

Bob : Well, perhaps. But I like shopping for stationery, putting pen to paper, addressing the envelope, and going to the post office. It gives me time to think about my grandma.

Carol : Uh-huh. But that's so much trouble.

Bob : Not really. Don't you think your personality shines through in a handwritten letter? And it makes people happy. Plus, it has cognitive benefits.

Carol : What cognitive benefits?

Bob : You know, handwriting is good for thinking processes, like memorizing and decision making.

Carol : Really? I'm a more fluent writer when I do it on a computer.

Bob : Maybe you are, but you might also sacrifice something with that efficiency.

Carol : Like what?

Bob : Well, mindfulness, for one.

Carol : Mindfulness?

Bob : Like taking time to do things with careful consideration. That's being lost these days. We should slow down and lead a more mindful life.

Carol : Speaking of mindful, I wouldn't mind some chocolate-chip ice cream.

3

M : Good evening ma'am. How can I help you?

W : Hi. We don't have a reservation, but I was wondering if you still have any rooms available. Preferably something with two queen size beds for my husband, my daughter and myself.

M : Well, I can check, but I really doubt it. This is a long weekend, and as a result it's one of our busiest times of the year. Let's see ... How about that! You're in luck, because we just had a late cancellation. The bad news, though, is that because it's a long weekend, the rate is almost double the usual amount.

W : Hmm, well, I guess we'll take it then. We've been to four other places already, and they're all booked up. Besides, I'm tired of driving around.

4

M1 : Hi Jason. So what's the house like? I hope it's as good as the ad made out.

M2 : It's nice. I think I've finally found something we'll all like at last.

M1 : Brilliant! So what's it like?

M2 : Well, it's within walking distance of the college, it's in a residential area, there aren't many students living there, but it's easy to get onto campus, and the city center is only a bus ride away.

M1 : OK, that's a good start. But what's it like inside? To be honest, when I saw the ad, I didn't think it would be big enough for the three of us. The rent's not exactly cheap for the area, either. What do you think? Is it worth it?

M2 : Well, it's got three bedrooms and a nice living room, so we'll all have our own space to study, do homework, and hang out together. It's clean and there's no need to decorate.

M1 : OK. That sounds promising.

M2 : And the landlady was really nice. She's not one of those people with a lot of properties. In fact, this is the only one she has, so she really looks after it. Her daughter was a student and stayed there last year, apparently.

M1 : Sounds perfect. Let's call Tom and go out and see it tomorrow.

5

M : Hey, Sarah! It's been a while.

W : Bill! It's so good to see you. It's been six months since I saw you last. How have you been?

M : Very busy. My new job is so far from home. I have to take a train for two hours and then a bus for another thirty minutes. I'm exhausted when I get home. How about you?

W : Pretty good. I got a job teaching at a high school that's only twenty minutes away from my house by bicycle. I usually ride there if the weather is good.

M : That's great. You always wanted to be a teacher.

W : Yes. I'm pretty happy. But I'm worried about you. You look tired. How much do you sleep at night?

M : I get about five hours after dinner and my bath.

W : That's not enough. You should move closer to your job.

M : I want to, but moving is so expensive.

W : Your health and happiness are worth it.

6

Mark : Hi, David .... Hi, Amy. What's up?

David : Hey, Mark. I was just telling Amy about my guitar lessons.

Mark : Oh yeah? How're they going?

David : Actually, I'm thinking about quitting. They aren't cheap, and my teacher's kind of strict. But even more than that, they're so boring! She makes me practice the same thing over and over to get it right. That's all we do. Amy thinks I should continue though, right, Amy?

Amy : That's right. Your teacher knows what you need to do to make progress. You should trust her. If she thinks you should start with the basics, she's probably right.

David : Yeah, I know. But I'm just not enjoying myself. When I decided to play the guitar, my dream was to have fun playing music with my friends. I want to learn how to play some songs. I don't need to know everything, just enough so I can start enjoying myself.

Mark : I see what you mean, David. If you played in a band, it would increase your motivation to practice. It's a lot of fun playing with other people. I suppose you could quit your lessons and teach yourself how to play.

Amy : I think if you're really serious about learning to play the guitar, you should continue taking lessons. Your teacher will show you the right way to play. If you quit and try to learn on your own, you might develop bad habits that will be hard to change later. It may not be fun now, but just imagine how good you'll be in a few years.

Mark : You know what? Maybe you should stick with it. You can always put together a band while taking lessons.

David : Good idea! That way, I can practice what I learn from my teacher. Are either of you interested in starting a band?

7

W : Hey John, I think we've got a problem with the kitchen sink again. The water won't flow down the pipe.

M : This again? What are you trying to put down the drain, anyway?

W : Nothing unusual. When I rinse off the dishes, sometimes there's some food that gets rinsed off, but it's always soft and shouldn't cause a problem.

M : I don't know. Something is stopping the water from draining. Do you know where those tools are that my dad gave me? I've never done it before, but maybe I'll try and fix this myself. You know how expensive the repair service will be!

W : Uhm, do you remember the last time when you tried to fix the leak in the upstairs toilet? Not only did we have to call a repair service, but we had to replace the floor after you flooded the bathroom! Let's not make the same mistake twice!

8

W : Good afternoon, sir. How can I help you?

M : Well, my daughter and I arrived here in Nagoya on a flight from Seoul, Korea about 45 minutes ago, and we still haven't received our luggage.

W : Oh, sorry. May I check your ticket please? Ah yes, I see that you left London on Friday afternoon on the flight to Seoul, then this morning you transferred to the flight to Nagoya.

M : Actually, we were originally going to fly directly from London to Osaka, but because of the typhoon, the airline cancelled that flight. That is why we had to fly to Nagoya by way of Seoul.

W : Yes, I see. That's what it says on our computer. I'm sorry. I can see that your luggage has been delayed in London, but it will arrive here tomorrow afternoon.

M : So, today is Saturday, right? Does that mean I have to come back here to the airport on Sunday?

W : Not at all, sir. We'll be glad to deliver it to you any time on Monday. Just fill in this form with your address and give me a few details relating to your luggage, and we will deliver it to you.

M : I suppose that will be all right.

W : Now, could you tell me about your luggage? Can you confirm how many pieces there are?

M : Four. There's one small, pink suitcase; a large, blue suitcase; a medium-sized, red suitcase with a green, waterproof cover, and a large, grey rucksack. The case with the green cover is my daughter's and her name is on it, not mine.

W : I've got it. I'll arrange the delivery for you.

M : Thank you very much for your help.

W : Not at all.

9

M : Good afternoon, Mrs. Hendricks. Thanks for making the time to see me.

W : It's my pleasure, Mr. Bradley. You wanted to talk about Becky?

M : Yes. She is talking a lot about going to college in France, and I'm beginning to worry.

W : What are you worried about?

M : First of all, I wonder if her French ability is really good enough. I also worry about the cost. But most of all, I just think that my daughter is too young to live alone in a foreign country.

W : I can assure you that Becky's French is excellent. She is by far the best student that I have ever had in any of my French classes.

M : Well, I know that she loves French. She studies it constantly.

W : As far as college and living expenses go, the cost would be similar to sending Becky to a private university here in America.

M : But Becky is only 18 years old!

W : How old were you when you first lived away from home?

M : Eighteen. But those were different times and circumstances.

W : Actually, Mr. Bradley, I have been strongly encouraging Becky to study in France. That's what I did after I graduated from high school. My four years of college in Paris were the best years of my life. And that's why my French is so good.

M : Do you really think this is the right decision for Becky?

W : Absolutely.

10

W : Hi Tim. Your hair looks nice. It's a bit shorter than usual, isn't it?

M : A bit shorter? I don't think so. It's a lot shorter. When I look in the mirror, I don't even know who's looking back at me.

W : So you got your hair cut, but you didn't get the haircut that you wanted?

M : This is not even close to the haircut that I wanted. I asked to have my hair trimmed just a little bit, and the hairstylist really went to town. When I looked down at the floor, there were piles of hair, my hair, on the floor. I couldn't believe it!

W : Well, what did you say to the hairstylist?

M : What could I say? The hair was already cut off. I couldn't exactly say, "Please put it back on," although that's exactly what I wanted to say.

W : Well, at least your hair'll grow back soon.

M : That's what everyone is saying to me. "It'll grow back, it'll grow back." But it won't grow fast enough to make me happy.

W : Maybe after you get used to it, you'll like it a bit more.

第6章

1

After high school, I went to a university that was far away from home. I could only visit my friends and family every six months. Of course, I missed them, so I started using social media. It enabled us to keep in touch with each other. When I was in my second year of university, a friend in my hometown and her husband had a baby girl. The very same day, I was able to see pictures of their daughter. A year later, on my dorm room computer, I watched a live video of her taking her first steps. What had the biggest impact on me, however, was following my sister's adventures while she studied abroad in Spain. I hate to say it, but I started to feel envious of them because their lives seemed so perfect. This is one of the problems with social media. People only post the good things that happen to them, and without thinking about it, we compare ourselves to them. Social media allowed me to experience things I otherwise would have missed. However, it is also necessary to be aware of all the good things in our own lives.

2

The way cultures relate to tea and time is interesting. As an American teacher with experience in both Japan and Nepal, I have noticed similarities and differences concerning tea and time. Both countries have a tea culture. Tea is a part of most meals and a popular drink enjoyed throughout the day. It is also often served at meetings.

On the other hand, their views of time are quite different. For example, in Japan, trains and buses generally arrive and leave on time, and run according to schedule. I thought this happened everywhere. Working in Nepal, however, showed me that concepts of time could be quite different. Buses did not run on a schedule; they moved only when they were filled with passengers. As another example, I would arrive at school ready to teach but found myself first having tea with the principal. The lessons started late, but it seemed that the time schedule was not as important as our morning tea and chat. In Japan, I think we would have kept to the schedule and had tea after class. But working in Nepal taught me the value of building the bonds of smooth, lasting relationships ... over tea.

3

問 1 〜 6

What is happiness? Can we be happy and promote sustainable development? Since 2012, the *World Happiness Report* has been issued by a United Nations organization to develop new approaches to economic sustainability for the sake of happiness and well-being. The reports show that Scandinavian countries are consistently ranked as the happiest societies on earth. But what makes them so happy? In Denmark, for example, leisure time is often spent with others. That kind of environment makes Danish people happy thanks to a tradition called "hygge," spelled H-Y-G-G-E. Hygge means coziness or comfort and describes the feeling of being loved.

This word became well-known worldwide in 2016 as an interpretation of mindfulness or wellness. Now, hygge is at risk of being commercialized. But hygge is not about the material things we see in popular images like candlelit rooms and cozy bedrooms with hand-knit blankets. Real hygge happens anywhere—in public or in private, indoors or outdoors, with or without candles. The main point of hygge is to live a life connected with loved ones while making ordinary essential tasks meaningful and joyful.

Perhaps Danish people are better at appreciating the small, "hygge" things in life because they have no worries about basic necessities. Danish people willingly pay from 30 to 50 percent of their income in tax. These high taxes pay for a good welfare system that provides free healthcare and education. Once basic needs are met, more money doesn't guarantee more happiness. While money and material goods seem to be highly valued in some countries like the US, people in Denmark place more value on socializing. Nevertheless, Denmark has above-average productivity according to the OECD.

問 7

Here's a graph based on OECD data. People in Denmark value private life over work, but it doesn't mean they produce less. The OECD found that beyond a certain number of hours, working more overtime led to lower productivity. What do you think?

4

問 1 〜 6

OK. What is blue carbon? You know, humans produce too much CO_2, a greenhouse gas. This creates problems with the earth's climate. But remember how trees help us by absorbing CO_2 from the air and releasing oxygen? Trees change CO_2 into organic carbon, which is stored in biomass. Biomass includes things like leaves and trunks. The organic carbon in the biomass then goes into the soil. This organic carbon is called "green" carbon. But listen! Plants growing on ocean coasts can also take in and store CO_2 as organic carbon in biomass and soil—just like trees on dry land do. That's called "blue" carbon.

Blue carbon is created by seagrasses, mangroves, and plants in saltwater wetlands. These blue carbon ecosystems cover much less surface of the earth than is covered by green carbon forests. However, they store carbon very efficiently—much more carbon per hectare than green carbon forests do. The carbon in the soil of the ocean floor is covered by layers of mud, and can stay there for millions of years. In contrast, the carbon in land soil is so close to the surface that it can easily mix with air, and then be released as CO_2.

Currently the blue carbon ecosystem is in trouble. For this ecosystem to work, it is absolutely necessary to look after ocean coasts. For example, large areas of mangroves are being destroyed. When this happens, great amounts of blue carbon are released back into the atmosphere as CO_2. To avoid this, ocean coasts must be restored and protected. Additionally, healthy coastline ecosystems will support fish life, giving us even more benefits.

問 7

Look at this graph, which compares blue and green carbon storage. Notice how much organic carbon is stored in each of the four places. The organic carbon is stored in soil and in biomass but in different proportions. What can we learn from this?

5

Good evening, ladies and gentlemen. On behalf of Air Canada I'd like to welcome you aboard flight 99 from Tokyo to Vancouver. We apologize for the 30-minute delay to our original departure time of 6:30 p.m. Even though we departed at 7:00 p.m., we still anticipate arriving on time at 11:30 a.m. local time in Vancouver. Our flight time is normally about 9 hours, but we have clear skies and anticipate making up lost time. For your reference, it is currently 7:15 p.m. Tokyo time and 3:15 a.m. Vancouver time.

The cabin crew will be coming around shortly to offer you a choice of drinks from our beverage service. Soon after, a choice of hot meals will be offered during our dinner service. Following your meal, our duty-free shopping service will begin. Duty-free items can be found in your duty-free shopping catalogue in the backrest of the seat in front of you. A few hours prior to landing, we will be serving a light breakfast, and our cabin crew will then pass out the immigration forms that you will need to fill in prior to entering Canada. Finally, the in-flight entertainment service will be available immediately after this announcement. If we can do anything to make your flight more enjoyable, please do not hesitate to ask.

6

Many Americans say with pride that there are no class differences in the US, but this is not really true. Class differences exist, but social mobility is possible with hard work. The American dream is based on people's ability, provided they use enough effort, to reach any goal. But the goal is not to reach the upper classes, and most Americans like to think that they are middle-class.

The key to the American class system is money. Anyone can live in a pleasant house in a good area of town and send their children to a top university if they have enough money. Money is obtained through hard work, and so a high social class is seen as a reward for effort, not something that depends on family history. People who improve their social position are proud of being self-made men or women, but those who come from rich families are thought to have an unfair advantage.

It can be difficult to know what social class an American belongs to. A person's accent does not usually indicate class, merely the part of the country they come from. Even people with a lot of money send their children to state-run schools, and people who do blue-collar jobs encourage their children to get a good education and to become lawyers, doctors, and so forth.

7

When I was a child growing up on my family's farm, I never imagined that someday I'd be living all alone in the city. But here I am, right in the middle of Kobe. And while I don't miss the inconvenience of the countryside, I do miss the slower lifestyle, the fresh food, green spaces, and quiet countryside. I also miss working outside, especially in the garden, so I recently decided to join my apartment building's roof-top garden club.

It consists of a dozen members, including myself. Each of us gets to manage a space of two square meters, and the fee we have to pay is only two thousand yen a month.

We're only allowed to grow vegetables, so I decided to plant onions and carrots in the outside rows, and tomatoes and cucumbers in the middle since they grow taller. And some of the other members grow things as large as potatoes and even pumpkins! I really enjoy spending time in my little garden, especially on the weekends. It helps me to relax after a long week at work. And while I get the most satisfaction from growing my own food, I also enjoy getting some exercise, saving some money, and getting to know my neighbors.

As you can tell, I really enjoy spending time in my roof-top garden. So if you don't mind getting your hands dirty, I'd highly recommend that you start one of your own!

8

All through our lives, we have been taught to adhere to the Golden Rule: Do unto others as you would have them do unto you. It is an old and time-tested rule that still has a great deal of application today. Many of us teach it to our children when we remind them not to hit their sibling because they wouldn't want their sibling hitting them.

But while the Golden Rule does put others first, it can fall short. For example, just because I like flowers as a gift, that doesn't mean you like them. Just because I like lots of detail when communicating with others, doesn't mean you do.

A good example that demonstrates the different types of problems the Golden Rule can cause is illustrated in the following story I once heard of a less-than-sensitive dad: Upon coming home from work one day, the father greeted his distraught wife. She relayed to him the sad news that their daughter's hamster had passed away and that she had been crying in her room for most of the day. The father thought it was an easy solution and went to his daughter's room to share that it was not that big of a deal and that they could simply get a new hamster at the local pet store for $7! As you can imagine, the mother was not very happy with her husband.

In this story, the father was simply responding as he would like someone to respond to him (just like the Golden Rule says). To him, it was an easy and fixable solution. But of course, what the daughter needed wasn't another hamster; she needed a father who simply understood how she felt and could console her. Unfortunately, these types of misunderstandings are not uncommon in families or on teams.

Can you see where living completely by the Golden Rule could become a problem in relationships and why treating teammates the way you would want to be treated can sometimes cause issues? If you subscribe only to the Golden Rule, you are approaching every relationship from your perspective, assuming that everyone is just like you. It can ... and often does ... backfire.

Instead of always doing unto others as you would have them do unto you, it is wise to also live by another type of Rule: The Platinum Rule. This states, "Do unto others as they want to be done unto." The Platinum Rule is an "others first" rule; it is a selfless rule.

Let's use our previous Golden Rule examples and switch to using the Platinum Rule. Instead of getting flowers for a teammate, stop and think, "Is that something they really like? Are flowers a gift that would make them really happy?" Instead of including every single detail when talking to your teammate, stop and ask, "Do they really want to hear all of this?"

People are too unique to live by the Golden Rule. No one sees the world the same way you do, and when we think that they do, we come up short more often than not.

I learned the value of the Platinum Rule through one of my earliest leadership roles: being a parent. With my first two children, I parented both of them the way I believed all kids should be raised. With these two kids, it felt like my parenting style was working.

Then came child number three. I tried to raise him the same way I had the other two, but I wasn't as successful. He was stubborn, and the harder I tried, the more stubborn he became. I quickly learned that I would have to take a very different approach to raising him than I did with the other two and that it would require a great deal of patience as well!

When you try to understand your teammates, you build stronger relationships on your team. Have you ever thought, "Wow, that person really gets me"? Odds are that person gets you because they are living the Platinum Rule, which requires you to regularly think about others first and put your teammates' needs ahead of your own. It is a powerful concept once you figure out what each teammate's needs are.

LULU GARCIA-NAVARRO, HOST : Picture this. You're a receptionist at, say, a hotel. Someone walks in and says they found a lost wallet, but they're in a hurry. They hand it to you. What would you do? Well, researchers have looked at that question using thousands of supposedly dropped wallets from all around the world. NPR's Merrit Kennedy has more on what they found.

MERRIT KENNEDY, BYLINE : The experiment started small. A research assistant in Finland pretending to be a tourist turned in a few wallets containing different amounts of money. He'd walk up to the counter of a big public place, like a bank or a post office.

ALAIN COHN : Acting as a tourist, he mentioned that he found the wallet outside around the corner. And then he asked the employees to take care of it.

KENNEDY : Alain Cohn from the University of Michigan says surveys show most people think more money in the wallet would make people less likely to return it. He even thought so. But actually, what they were seeing was the exact opposite.

COHN : People were more likely to return a wallet when it contained a higher amount of money. At first, we almost couldn't believe it and told him to triple the amount of money in the wallet. But yet again, we found the same puzzling finding.

KENNEDY : The researchers decided to do the experiment on a much larger scale. They dropped off more than 17,000 lost wallets in 40 countries. All of the wallets looked about the same—a small clear case with a few business cards, a grocery list and a key. Some had no money, and some had the local equivalent of about $13. And around the world, they kept finding the same thing. In 38 out of 40 countries, people were more likely to return the wallets with money. And in three countries, they dropped wallets containing nearly a hundred bucks. Cohn says the results were even more dramatic.

COHN : The highest reporting rate was found in the condition where the wallet included $100.

KENNEDY : So what's behind all this honesty? The researchers think there are two main explanations. First, just basic altruism.

COHN : Basically, if you don't return the wallet, you feel bad because you harmed another person.

KENNEDY : There's some evidence for that. They ran a test where just some wallets contained a key, only valuable to the person who lost it. Those wallets were about 10% more likely to be returned. Cohn says he also thinks the results have a lot to do with how people see themselves, and most people don't want to see themselves as a thief.

COHN : The more money the wallet contains, the more people say that it would feel like stealing if they do not return the wallet.

KENNEDY : The rates that wallets were returned varied a lot by country, even though money in the wallet almost always increased the chances. The researchers think the country's wealth is one factor, but a lot more research is needed to explain the differences. Duke University economist Dan Ariely studies dishonesty. He says this shows material benefits are not necessarily people's only motivation.

DAN ARIELY : We see that a lot of dishonesty is not about the cost-benefit analysis, not about what I stand to gain and what I stand to lose. But instead, it's about what we can rationalize. To what extent can we rationalize this particular behavior?

KENNEDY : Cohn says their study, which appears in the journal *Science*, suggests people are too pessimistic about the moral character of others.

COHN : I think it's a good reminder that other people might be more similar to you and not always assume the worst.

KENNEDY : And sometimes, honesty does pay. After people reported a lost wallet, they got to keep the cash.

Merrit Kennedy, NPR News.

10

Farmers and plant breeders are in a race against time. According to Lee Hickey, an Australian plant scientist, "We face a grand challenge in terms of feeding the world. We're going to have about 10 billion people on the planet by 2050," he says, "so we'll need 60 to 80 percent more food to feed everybody."

Breeders develop new kinds of crops—more productive, disease-resistant—but it's a slow process that can take a decade or more using traditional techniques. So, to quicken the pace, Dr. Hickey's team in Australia has been working on "speed breeding," which allows them to harvest seeds and start the next generation of crops sooner. Their technique was inspired by NASA research on how to grow food on space stations. They trick crops into flowering early by shining blue and red LED lights 22 hours a day and keeping temperatures between 17 and 22 degrees Celsius. They can grow up to six generations of wheat in a year, whereas traditional methods would yield only one or two.

Researchers first started growing plants under artificial light about 150 years ago. At that time, the light was produced by what are called carbon arc lamps. Since then, advances in LED technology have vastly improved the precision with which scientists can adjust light settings to suit individual crop species.

Researchers have also adopted new genetic techniques that speed up the generation of desirable characteristics in plants. Historically, humans have relied on a combination of natural variation followed by artificial selection to achieve these gains. Now, breeders use gene-editing tools to alter DNA with great speed and accuracy. In 2004, scientists working in Europe identified a variation on a single gene that made a type of barley resistant to a serious disease. Ten years later, researchers in China edited the same gene in wheat, one of the world's most important crops, making it resistant as well.

Gene-editing tools have been used to protect rice against disease, to give corn and soybeans resistance to certain chemicals, and to save oranges from a type of bacteria that has destroyed crops in Asia and the Americas. In South Korea, scientists are using these tools to rescue an endangered variety of bananas from a devastating soil disease.

　With cheaper, more powerful technology, opportunities are opening up to improve crops around the world. Dr. Hickey's team plans to use these discoveries to help farmers in India, Zimbabwe and Mali over the next couple of years, since he wants the discoveries to benefit developing countries, too.

　According to Hickey, we will need to combine speed breeding and gene editing with all the other tools we have if we are to meet the food security challenges of the future. "One technology alone," he says, "is not going to solve our problems."

　However, while basic speed breeding is generally accepted, many are reluctant to embrace gene-editing technology. They worry about unexpected long-term consequences. The benefits of this revolutionary technology, they feel, must be weighed against its potential dangers.